普通高等教育艺术设计类专业"十二五"规划教材

企业形象设计

黄芳芳　主编

中国水利水电出版社
www.waterpub.com.cn

内 容 提 要

本书结合大量著名企业形象策划与设计的成功案例，系统、详尽地阐述了企业形象设计的基本概念、调研、策划程序等内容，并对企业形象视觉识别设计进行了重点诠释。全书分为概念篇、策划篇和设计篇3篇，共12章内容，循序渐进地介绍了企业形象设计的概念、历史及发展现状、内涵、结构，企业形象设计策划程序、导入确立、调研、企划，企业视觉识别系统（VIS），视觉识别系统的基础设计、应用设计，以及视觉识别系统手册制作。每章以引导案例开篇，章后附课后任务和延伸阅读书目，基本理论则结合深入的案例分析，使学生更易理解、掌握，并开拓其设计思维，使其打破传统的CIS模板设计，把握以品牌塑造为主导的企业形象设计要领。

本书可作为高等院校设计学科视觉传达专业教材，也可供从事相关设计工作的人员参考使用。

图书在版编目（CIP）数据

企业形象设计 / 黄芳芳主编. -- 北京：中国水利水电出版社，2013.6（2019.1重印）
普通高等教育艺术设计类专业"十二五"规划教材
ISBN 978-7-5170-0422-6

Ⅰ.①企… Ⅱ.①黄… Ⅲ.①企业形象－设计－高等学校－教材 Ⅳ.①F270

中国版本图书馆CIP数据核字（2013）第142423号

书　　名	普通高等教育艺术设计类专业"十二五"规划教材 **企业形象设计**
作　　者	黄芳芳　主编
出版发行	中国水利水电出版社 （北京市海淀区玉渊潭南路1号D座　100038） 网址：www.waterpub.com.cn E-mail：sales@waterpub.com.cn 电话：（010）68367658（营销中心）
经　　售	北京科水图书销售中心（零售） 电话：（010）88383994、63202643、68545874 全国各地新华书店和相关出版物销售网点
排　　版	北京时代澄宇科技有限公司
印　　刷	北京博图彩色印刷有限公司
规　　格	210mm×285mm　16开本　12印张　285千字
版　　次	2013年6月第1版　2019年1月第4次印刷
印　　数	7001—9000册
定　　价	**48.00元**

凡购买我社图书，如有缺页、倒页、脱页的，本社营销中心负责调换

版权所有·侵权必究

前　言

当今世界处在一个经济全球化、竞争无国界化的崭新格局，这是一个全方位竞争的时代，企业之间的竞争已经不仅仅是停留在某些个别方面或者单一层面上的传统意义上的竞争，而是转向了企业形象及其整体实力的竞争。谁能够在强手如林的竞争中树立起良好的企业形象，为广大消费者所认同，谁就能够立于不败之地。

CIS 是现代企业经营发展的一种全新概念，是由理念识别、行为识别和视觉识别三个方面构成，是以理念识别为基础、行为识别为主导、视觉识别为表现的整合工程，它的正确导入程序是调研、整合与实施三个必要的阶段，而有些企业往往片面地以 VI 代替 CI 系统，并忽视 CIS 前期的市场调研，仅靠主观对市场的估计，凭空构造出来企业形象，这是对 CIS 缺乏全面认识的非科学态度，是一种急功近利的短期行为表现。

因此，积极推广正确的 CIS 战略，能为企业注入新的活力，并经济、有效地传达信息，这有助于缩小我国企业与发达国家企业的差距，对于摆脱困境，进行二次创业、深化改革、对外开放、参与国际间的竞争，有着深远的战略意义。

编者从上千份最新的 CIS 案例中精选出大量新颖、实用，具代表性的图例，希望能给读者以启示，引导读者将具有形式美感的艺术与商业定位有效融合，以适应市场需要。

本书由黄芳芳主编。在此感谢钟周、张丽莉、陈仲梅、王高媛、赵晶等朋友的帮助，同时感谢广州天橙广告有限公司、广州青上广告有限公司为本书提供了具有参考价值的图片及案例。在本书编写的过程中，参考了大量同类书籍和网上资料，在此对其作者表示衷心的感谢。

由于作者水平有限，书中不当之处在所难免，敬请专家及广大读者批评指正。

黄芳芳

2013 年春于广州

目录

前言

第1篇 概念篇

第1章 企业形象设计概述/2

1.1 企业形象设计概念 ·· 3
1.2 企业形象概念 ·· 3
1.3 CIS与企业形象的区别 ······································ 4
课后任务 ·· 5
延伸阅读 ·· 5

第2章 企业形象设计的历史及发展现状/6

2.1 企业形象设计的历史演变 ···································· 7
2.2 美国、日本、中国CIS模式及特点 ···························· 14
课后任务 ·· 17
延伸阅读 ·· 17

第3章 企业形象设计内涵/18

3.1 企业形象设计的特征 ·· 20
3.2 企业形象设计的功能 ·· 21
3.3 企业形象设计发展趋势 ······································ 23
课后任务 ·· 26
延伸阅读 ·· 26

第4章 企业形象设计结构/27

4.1 理念识别（MI）——企业之"心" ···························· 32
4.2 行为识别（BI）——企业之"手" ···························· 38
4.3 企业视觉识别（VI）—企业之"脸" ·························· 41

4.4　企业形象设计结构延展 ··· 45

课后任务 ··· 45

延伸阅读 ··· 46

第2篇　策划篇

第5章　企业形象设计策划程序/48

5.1　CIS导入确立阶段 ·· 50

5.2　CIS形势调研阶段 ·· 50

5.3　CIS企划阶段 ·· 50

5.4　CIS设计阶段 ·· 50

5.5　CIS实施与维护阶段 ··· 51

课后任务 ··· 51

延伸阅读 ··· 51

第6章　企业形象设计的导入确立/52

6.1　CIS导入动机的确认 ··· 54

6.2　CIS导入的时机选择 ··· 58

6.3　CIS导入发起人 ··· 64

6.4　CIS导入机构 ·· 65

课后任务 ··· 66

延伸阅读 ··· 66

第7章　企业形象设计调研/67

7.1　调查对象的确定 ·· 69

7.2　调查步骤 ·· 69

7.3　调查方法 ·· 69

7.4　调查项目 ·· 70

课后任务 ··· 76

延伸阅读 ··· 76

第8章　企业形象设计企划/77

8.1　企业形象定位策划 ··· 79

8.2　企划书写作模式 ·· 84

8.3　CIS预算 ·· 84

课后任务 ··· 85

延伸阅读 · 85

第3篇 设计篇

第9章 企业视觉识别系统（VIS）/88

9.1 视觉识别系统（VIS）概述 · 89
9.2 企业视觉识别（VIS）作用 · 89
9.3 企业视觉识别（VIS）设计程序 · 92
课后任务 · 94
延伸阅读 · 94

第10章 视觉识别系统的基础设计/95

10.1 标志（Logo）设计 · 98
10.2 标准字设计 · 127
10.3 标准色设计 · 132
10.4 辅助图形设计 · 144
课后任务 · 148
延伸阅读 · 148

第11章 视觉识别系统的应用设计/149

11.1 办公用品系列 · 149
11.2 环境导示系列 · 154
11.3 包装系列 · 157
11.4 媒体广告宣传系列 · 161
11.5 服饰配件系列 · 164
11.6 交通工具系列 · 166
11.7 展示系列 · 168
课后任务 · 173
延伸阅读 · 173

第12章 视觉识别系统手册制作/174

12.1 VIS手册 · 175
12.2 VIS手册设计项目 · 178
课后任务 · 180
延伸阅读 · 180

参考文献/181

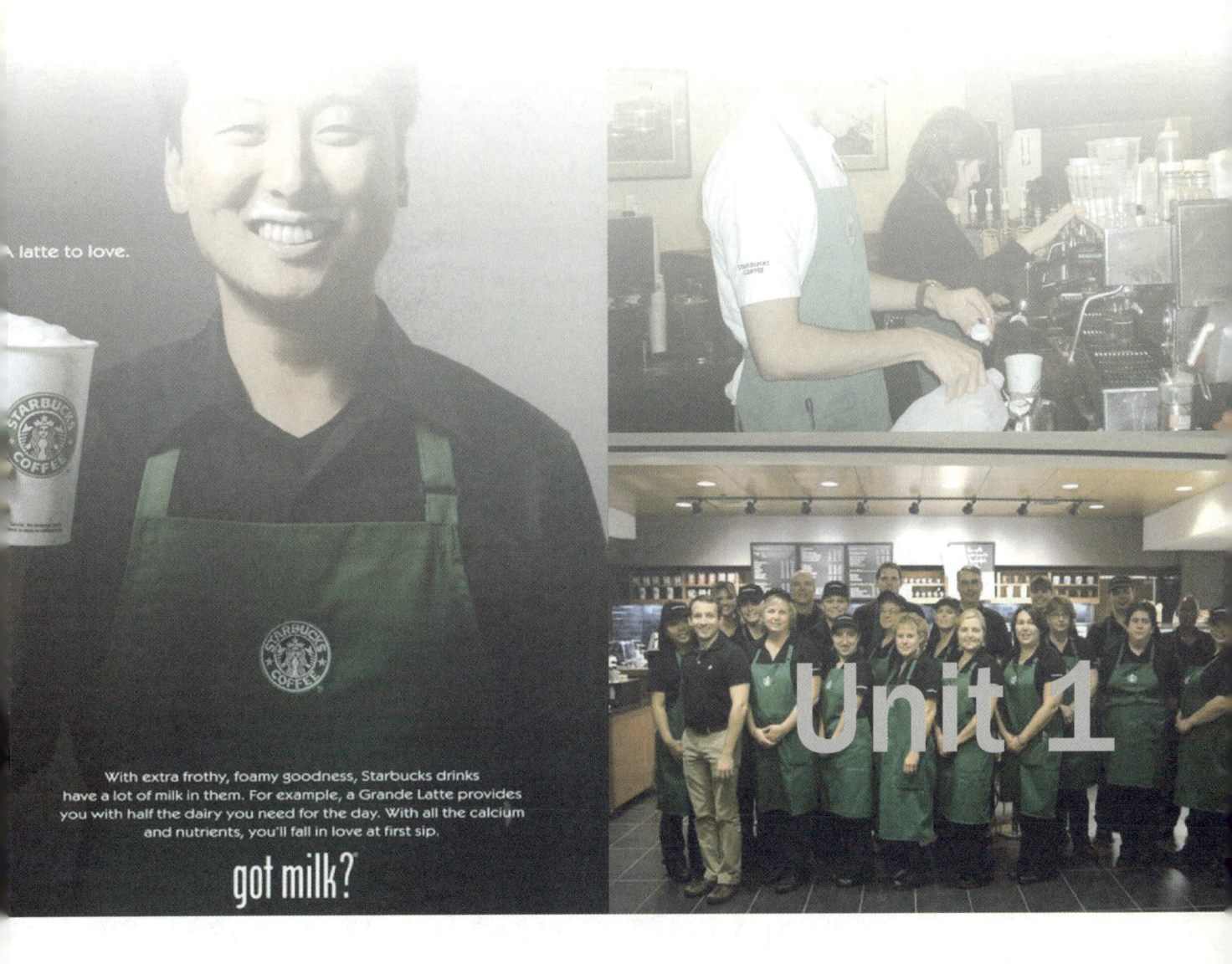

第1篇　概念篇

第1章 企业形象设计概述

引导案例

英国石油BP企业形象

英国石油公司（British Petroleum，BP），是世界上最大的石油和石化集团公司之一。该公司整合探油、探气、炼油、储油、售油、零售等营业领域。在1998年一次购并行动后，BP不再作为British Petroleum的缩写，而成为公司正式名称。在广告上，该公司有时使用"超越石油"（Beyond Petroleum）来宣传业务。

1920年，一名来自公司采购部门的Mr.AR Saunder的设计方案在员工征集比赛中脱颖而出并成为BP的第一个标志，该设计是四四方方的"B"和"P"两个字母，在字母左上方有一对翅膀，外面包围着一个线型的盾牌。一段时间里，盾牌里面的图案几乎可以是任何颜色：红、蓝、黑、绿、黄、白都有。20世纪30年代，公司管理层向辖下公司发信要求使用一致的logo。从此绿色和黄色被定为标准色。

BP法国运营结构首先引入了标准色系统，此后不久瑞士方面也随即跟进。盾牌图案伴随BP公司80年，在此期间只作了一些细微的改动。1998年，BP兼并了阿莫科公司（Amoco Corporation）。公司的名称变为BP Amoco，标志是并排的BP盾牌图案和Amoco火炬图案。

2000年，BP发布了新的全球品牌和新标志——一个由绿、黄、白三色组成的太阳花标志代替了"盾牌"标志，象征公司充满活力。在宣布启用新品牌的新闻发布会上，BP集团表示之所以保留"BP"的名字是因为考虑到它在全球的高认知度以及它代表了新公司的宏图大志——更好的人，更好的产品，一幅宏大的蓝图，源于石油，超越石油！如图1-0-1所示。

20世纪60年代，商品经济的发展，大企业走向集团化，产品已不是单一品种，欧美大型企业为了使自己的品牌或商品在众多对手中脱颖而出，给消费者留下清晰、简单、易记的企业整体形象，以此研究规划出一种设计系统，这就是企业识别系统（Corporate Identity System，CIS），也叫企业形象设计。

图 1-0-1 英国石油 BP 企业形象

1.1　企业形象设计概念

企业形象设计，通常称其为 CIS（Corporate Identity System）设计，也称为企业识别系统设计，是指一个企业为获得社会的认可和信任，将企业的宗旨和产品所包含的文化内涵传达给公众，从而建立起来的视觉体系形象系统。

C——Corporate：指"公司、法人团体"等，主要指企业，也包括服务机构、事业单位等一切法人组织。

I——Identity：有"同一性、独特性、身份证明"等多重意思。

S——System：可理解为体系、手册、标准等。

1.2　企业形象概念

1. 形象

所谓形象，按《现代汉语词典》的解释是"能引起人的思想或感情活动的具体形状或姿态"。即形象本身既是主观的，又是客观的。其主观性是由于人的思想和感情活动是主观的，是人对事物的具体形状或姿态的印象、认识、反映及评价；其客观性在于形象是事物本身具有的具体形状或姿态，是事物的客观存在，是不以人的主观评价为转移的。

形象从心理学的角度来看，就是人们通过视觉、听觉、触觉、味觉等各种感觉器官在大脑中形成的关于某种事物的整体印象，简言之是知觉，即各种感觉的再现。

有一点认识非常重要：形象不是事物本身，而是人们对事物的感知，不同的人对同一事物的感知不会完全相同，因而其正确性受到人的意识和认知过程的影响。由于意识具有主观能动性，因此事物在人们头脑中形成的不同形象会对人的行为产生不同的影响。

2. 企业形象

企业形象是企业精神文化的一种外在表现形式，它是社会公众与企业接触交往过程中所感受到的总体印象。这种印象是通过人体的感官传递获得的。它是企业关系者对企业整体的感觉、印象和认识。

所谓的企业关系者主要有：消费者、客户、股东、投资者、内部员工、希望就职者、地区居民、金融机构、原材料供应者、大众传播媒介、记者、政府、地区公共团体等。

企业形象能否真实反映企业的精神文化，以及能否被社会各界和公众舆论所理解和接受，主要决定于企业自身的主观努力。企业形象是社会公众和全体员工心目中对企业的整体印象和评价，是企业理念行为和个性特征在企业员工和公众心目中的客观反映。

3. 企业形象的类型

企业形象类型如表 1-2-1 所示。

表 1-2-1　　　　　企 业 形 象 类 型

类型	内容	备注
内在形象	企业目标、企业哲学、企业精神、企业风气等	核心部分
外在形象	企业的名称、商标、广告、厂歌、产品的外观和包装、典礼仪式、公开活动等	外在表现
实态形象	企业生产经营规模、产品和服务质量、市场占有情况、产值和利润等	实际的观念、行为和物质形态
虚态形象	用户、供应商、合作伙伴、内部员工等企业关系者对企业整体的主观印象	客观印象
直接形象	直接接触企业产品和服务，亲身体验形成的企业形象	
间接形象	大众传播媒介或借助他人的亲身体验得到的企业形象	
主导形象	公众最关注的企业形象	
辅助形象	其他一般因素构成辅助形象	

1.3　CIS 与企业形象的区别

CIS 与以往的企业形象战略有很大的差异。首先，两者含义不同。企业形象是指社会公众和全体员工心目中对企业的整体印象和评价，而 CIS 则是传播和塑造企业形象的工具和手段；其次，CIS 与企业形象的构成要素迥异。企业形象是由产品形象、市场形象、技术形象、环境形象、员工形象、经营者形象、公关形象和社会形象等组成，而 CIS 则是由理念识别（Mind Identigy，MI）、视觉识别（Visual Identigy，VI）、行为识别（Behaviour Identigy，BI）三大体系构成。

CIS，习惯上也称 CIS 战略，即企业形象设计，是在调研和分析的基础上，通过策划和设计 CIS 来体现某企业区别于其他企业的特征和标志，塑造企业在社会公众心目中特定的位置和形象的战略。同时 CIS 设计也是信息传达设计中一种全新观念的设计，是企业经营管理和营销竞争战略中的一部分，是企业策划的系列工程之一。

企业形象设计识别系统，将企业经营理念与精神文化，运用整体传达给企业内部与社会大众，并使其对企业产生一致的认同感或价值观，从而达到形成良好的企业形象和促销产品的设计系统。塑造企业形象虽然不一定马上给企业带来经济效益，但它能创造良好的社会效益，获得社会的认同感、价值观，最终会收到由社会效益转化来的经济效益。它是一笔重大而长远的无形资产的投资。未来的企业竞争不仅仅是产品品质、品种之战，更重要的还是企业形象之战，因此，塑造企业形象便逐渐成为有长远眼光企业的长期战略，如图 1-3-1 所示。

图 1-3-1　企业 CIS 形象识别

课后任务

1. 什么是企业形象设计？
2. 为什么要学习企业形象设计？
3. 企业形象与企业形象设计的关系？

延伸阅读

1. 龚正伟，张璇，刘海荣．企业形象（CI）设计［M］．北京：清华大学出版社，2010.
2. 纪向宏．标志与企业形象设计［M］．北京：清华大学出版社，2011.

第 2 章　企业形象设计的历史及发展现状

引导案例

IBM 经典品牌形象策划

美国国际商业机器公司（International Business Machine Corporation，IBM）率先设计导入企业识别系统。

IBM 公司创建于 1924 年。进入 20 世纪 50 年代，小托马斯·沃森接替父亲就任 IBM 公司总裁。上台不久，小托马斯·沃森就制定和实施了一系列战略改革的新决策及新举措。

20 世纪 70 年代，IBM 公司开始系统导入企业 CIS 战略，并且切实地在企业生产经营的整个过程中进行推广。IBM 公司专门设立了企业识别设计中心，由 CIS 专家保罗·兰特担任总顾问，指导和监察企业识别系统的设计、导入、实施、管理，并且参与和审定企业识别系统的战略设计和方案设计。艾略·诺伊斯亲自制定了 IBM 公司设计开发企业识别系统的指导性纲领。他明确指出："IBM 公司参与市场竞争、开发世界市场，必须有意识地在消费者心目中留下一个具有视觉冲击力的企业形象标记。"他还深刻地指出："IBM 公司的企业识别系统是富于灵活性和坚实性的，充分体现 IBM 公司经营哲学的优异性和时代性，不仅要确立企业识别系统，而且更要使其能够适应环境的变化，又保持其完整、同一的形象，这就是 IBM 的 CI 战略。"

IBM 公司的企业识别标志设计，以横向矩形造型的 IBM 三个字母并列组合为造型，以蓝色为标准色彩。第一，IBM 标志，不仅明确利落，便于辨识和记忆，而且同时指明了企业及其产品。第二，字体图形模拟了电子计算机和横式造型形象，以及 IBM 公司独到设计开发的联网技术，M 字母的体量恰好是 I 和 B 两个字母的体量之和，强调 Machines（机器）的首字母"M"实际上强调了 IBM 公司是专业生产和经营电子计算机及其联网技术的高新科技企业。第三，饰以清新、明快、干净的蓝色，既展现了 IBM 公司及其产品、技术、服务的高品质和高品位，又展现了电子计算机和联网技术无限广阔的发展前景。整个企业识别标志极富感染力、冲击力，生动地塑造、渲染、传播了 IBM 公司及其产品的一流名牌形象。从企业识别系统标志出发，IBM 公司设计开发了企业识别标志变体、产品内外包装、标牌路牌、办公用品、产品目录、经营报告书、展示场所、主题歌曲、广告传播、公关礼品为重点的视觉识别系统，如图 2-0-1 所示。

图 2-0-1　IBM 经典品牌形象策划

以企业识别标志为中心，视觉识别系统为基础，IBM 公司同步设计开发了理念识别系统和行为识别系统。理念识别系统强调和规范了 IBM 公司生产经营独特发展战略的三大基石：设计领先、集约经营的根本战略；尊重个人、绩效卓越、服务至上的主导原则；开拓、创造、顺应时代潮流的企业精神。

行为识别系统突出和规范了 IBM 公司生产经营独特行为方式的三大基石：全过程的优质服务活动；人情味的企业文化建设；主动型的公共关系交流。

IBM 公司设计、导入、实施、完善企业标志和企业识别系统，从 1956 年到 1978 年几乎用了 23 年时间，塑造了美国公众信任的"蓝色巨人"形象，在计算机行业首屈霸主地位。IBM 公司创造辉煌的成功业绩震动了美国和欧洲，震动了世界。20 世纪 60 年代以来，美国企业纷纷效法 IBM 公司，导入企业标志为中心的企业识别系统。

2.1　企业形象设计的历史演变

随着世界经济格局的不断变化，经济重心的不断转移，从美苏争霸到日本经济的崛起，再到世界强国多极化，全球经济一体化进程的推进，CIS 的浪潮席卷了欧美，席卷过日本，还在中国登了陆……每个国家的 CIS 设计具有自己的特色，在不同时期，CIS 在这些国家都经历了兴衰演变，在各国企业具有不同的走向。

20 世纪 60 年代，CIS 由美国首先提出，流行于欧美大陆。

70 年代，CIS 在日本得以广泛推广和应用，日本对 CIS 的最大贡献可能是发展和强化了 MI。

80年代，CIS在中国港台兴起；奠定了CIS向中国内地发展的基础。

90年代，CIS在中国逐渐开始，从艺术院校CIS理论逐步走向企业经营管理，为塑造中国企业新形象服务。

它是现代企业走向整体化，形象化和系统管理的一种全新的概念。

2.1.1 萌芽期（20世纪初期，欧洲）

工业革命的大量制造和营销时代的到来，使人们逐渐认识到视觉识别和商标品牌形象价值的重要性。同类商品在价格、功能、材料等方面相差无几，但企业之间的技术水平、生产设备、经营规模、管理水平还存在一定的差异，因而生产厂家的信誉逐渐成为人们判定商品质量好坏的一个重要指标，企业的实力和影响力的作用将越来越大。与此同时，随着新产品的设计与开发，企业的产品种类日渐增多，为了避免企业的多个商标分散、弱化消费者对企业及其产品的记忆力，便产生了通过统一传播商标品牌和企业形象的客观需求。宝洁公司、德国通用电器、Olivetti牌打字机等公司的形象设计为欧洲其他国家树立企业积极形象提供了样本，如图2-1-1～图2-1-3所示。

图2-1-1　德国通用电器标志
1914年，著名建筑家彼得·贝伦斯（Peter Behrehs）担任德国通用电器公司（AEG）的设计顾问，并为该公司设计标志，将公司标志印在信纸、信封等办公用品上，使通用电器公司（AEG）有了统一的视觉符号，强化品牌意识，大大地促进了该公司的产品销售，使AEG公司在极短的时间内成为德国最大的国防与机电工业公司

图2-1-2　Olivetti牌打字机公司标志
20世纪初，意大利Olivetti牌打字机公司则注重产品与售货环境的形象，清洁、新颖的经营理念，在市场上取得了成功。1947年，他们聘请平托（Pinto）为其重新设计了企业名称的标准字体，其新标志采用无衬线小写体的公司名称作标志，准确鲜明。标志被广泛地应用于与公司有关的几乎所有方面，从名片、文具纸张、企业报告、产品表面及包装、工厂的机械设备、运输车辆、展览看板等，形成引人注目的"Olivetti"形象。它为欧洲其他国家大型企业树立企业积极形象提供了样本。这个完善的视觉系统，不但在欧洲引起企业界和消费者的注意和喜爱，也引起了美国在企业形象上的竞争，促进了美国企业形象设计的高潮

图2-1-3　伦敦地铁标志
1933-1940年，英国工业设计学会会长弗兰克·毕克（Frank Pick）负责规划伦敦地铁的视觉设计任务，当时他聘请了英国和德国多名设计师共同设计该公司的视觉识别系统。其中爱德华·琼斯顿（Edward Johnston）负责活字印刷体的改良，以便将其应用在车票、站牌、指示路标的设计上。另外，马克奈·哥法（Macknight Koufer）、贝蒂·斯文威克（Petty Swenwiek）、爱德华·鲍登（Edward Budden）等设计师，负责设计闻名于世的伦敦地铁系列海报，树立了伦敦别具一格的景观设计。伦敦地铁公司视觉识别系统的设计就在他们的共同努力下获得圆满成功，成为当时全世界首屈一指的企业视觉形象传识别一设计的经典之作

【案例解析】

宝洁公司标志

1851年，美国宝洁（P&G）公司的老板威廉·宝特先生发现负责货运的人总是在装蜡烛的箱子上画黑叉叉，经询问才知是为了那些目不识丁的码头工人能分辨出哪是蜡烛、哪是肥皂。后来，有位聪明的工人把难看的"叉叉"改成"星星"，以后又有人用一群星星与月亮的造型取代了原来孤零零的"星星"，进而成为固定的符号经常出现。由此可见，使用符号的最初用意是在区别货物的种类。后来，当宝洁公司用别的东西来取代这些符号时，新奥尔良的一位经销商却拒绝接收这些没有星星与月亮图案的蜡烛，认为那是冒牌货。宝洁公司由此认识到这些符号的重要性。于是在1882年申请注册商标使用，并将星星确定为13颗，象征着当时美国的13个州，使之成为公司的品质象征。这可以看做是企业视觉识别的开端，如图2-1-4、图2-1-5所示。

图2-1-4 宝洁公司旧标志　　图2-1-5 宝洁公司新标志

20世纪20年代期间开始的视觉形象识别系统，逐渐超越了商标或标志，将一个特定企业机构的所有传达信息进行统一的设计，建立一致形象，以实现可识别的目的。

2.1.2 成长期（20世纪50~70年代，美国）

现代意义上的企业识别观念产生于美国。

【案例解析】

可口可乐CIS战略推广

可口可乐年销售量居世界饮料行业第一，被称为第一饮料。

1886年，美国药剂师彭伯顿利用南美coca树叶和非洲cola树籽炼制成一种健脑提神药，再加梳打水与糖浆，合成了深红色的原始可口可乐饮料。1934年，担任可口可乐公司第二任总裁的伍德拉夫之子罗伯特·伍德拉克，聘请设计师雷蒙·罗维重新开发可口可乐的商标和包装，白色衬底烘托了鲜红圆圈，圆圈内是波状曲线造型的可口可乐手写字体。整个产品识别商标红白对比强烈，色彩鲜明，给消费者带来了强大的视觉冲击。

1970年，可口可乐公司更新了统一的视觉识别标志并对外传播。原来白底、红色圆形轮廓，红色手写字体和图形，变成了红底、红色方形轮廓、白色品牌手写字体图形，下面又有一条与可口可乐玻璃瓶造型轮廓线相似的白色波状曲线，既延续又变化。新的视觉识别系统实施以后，市场营销效果很好。然而，却没有及时、系统地加以扩展、提升、推行。

在百事可乐公司全面导入企业识别系统及其市场强大效应的冲击下，可口可乐公司最高决策层决定不惜代价设计、导入、实施新的CIS战略。新任董事长唐·基奥和设计师阿·谢克特淘汰了150多种设计方案。最后确定，以红底白字为特征的视觉识别系统应用于新一代可乐型饮料和非可乐型饮料以及其他产品。随后，从企业识别标志出发，进行了全方位的导入和推广。以红色冲击波的色彩策略突出了可口可乐"挡不住的感觉"。

理念识别系统力图表现和展示可口可乐的全球性和永恒性，深化了可口可乐从美国大众文化转变为世界大众文化的新策略和价值观。

行为识别系统以独特的生产经营方式及其管理方式为主题，强调了可口可乐集中经营原浆、设备、技术、品牌和就地分散灌装、销售、服务、公关相结合的双轨制规范化行为方式。

视觉识别系统的企业识别手册，编制了6册之巨。这样，不仅保留了风靡世界、深入人心的可口可乐商标，并且把可口可乐识别标志上升为企业的CIS战略，如图2-1-6、图2-1-7所示。

可口可乐的CIS推广可以说是20世纪70年代美国企业形象设计的代表作，由此引发了世界各地的CIS热潮。

图2-1-6　可口可乐公司标志演变及旧广告

图 2-1-7　可口可乐公司新标志及产品包装

2.1.3　成熟期（20世纪60～80年代，日本）

日本从美国引进了 CIS 战略，并对 CIS 的认识和实际运作发生了质的变化，他们将美国创造的视觉识别系统为核心的 CIS 与富有日本特色的企业文化相结合，把企业理念开发、企业经营活动和企业视觉要素这三个方面加以整合，形成了具有日本民族特色的企业形象设计，并且对 CIS 的理论做出了贡献。

CIS 在日本曾经两度出现高潮。

第一次是 20 世纪 60 年代后期日本经济的转型期，那时许多企业面临着两大难题：一是产业规模的骤然扩张；二是走向国际市场的强烈需求。日本企业实施 CIS 基本上是沿袭了美国式的方法，重点放在名称、标志或产品商标的设计上，属于视觉识别系统的设计和传播阶段。1971 年日本第一银行和劝业银行合并，导入 CIS 计划，合并后设计出的新的银行标志是一个"心"的图案。这个设计非常成功，不仅在当时令人感到非常清晰、亲切，即使到今天，仍为日本企业界赞叹不已，如图 2-1-8 所示。伊藤百货公司也在这一年实施了 CIS，该公司的经营理念最终确定为"以和为贵"，并以此为核心，对原有企业标志进行了修改，新的标志是一个简明的和平鸽的形象，具有很强的视觉冲击力。第一劝业银行和伊藤百货公司都在这一时期成功地完成了形象的革新，为日后事业的展开，创造了相当有利的条件。随后马自达、大荣百货、伊势丹百货、松屋百货、小岩井乳业、麒麟啤酒、华歌尔、美能达、NTT 公司等纷纷导入 CIS。

第二次高潮是在 20 世纪 80 年代，日本企业界 CIS 的认识和实际运作发生了质的变化，他们巧妙地将西方先进的管理理论、管理技术以及管理手段和日本的传统文化相结合，形成了日本式的 CIS 战略。这一阶段代表案例包括 1980 年 KIRIN 啤酒、1982 年 KENWOOD 电器、1985 年 NTT 制陶等。

图 2-1-8　第一劝业银行标志

【案例解析】

日本"马自达"公司品牌形象策划

1968年，日本出现了第一家企业形象专业策划公司——PAOS（Progress Artists Open System）公司。它在吸取美国企业和欧洲企业经验的基础上，开发出"设计综合经营战略"，简称DCMSC（Design Coordination as A Management Strategy），以推广企业形象的观念和设计开发，带动了日本企业的经营策略和传播导向。东洋工业公司（后改名"马自达"）是其第一个客户，PAOS公司为马自达公司设计开发和导入实施一整套企业识别系统，如图2-1-9所示。

图2-1-9　日本"马自达"公司品牌形象策划

从 1975 年起，东洋工业公司决定逐步导入企业识别系统，实施企业形象战略。1984 年 5 月，企业员工和社会公众全面地认同了企业识别系统，也就是全面地认同了企业识别系统所表现和展示的企业生产经营独特的发展战略、行为规范、运行实态。于是，东洋工业公司正式改名为马自达公司，并实行以下战略：

第一，切实加强企业识别系统的开发和管理。

第二，精心设计开发企业识别标志。企业识别标志的专用品牌标准名称为 MAZDA，不但明确地指称了企业，而且明确地指称了企业生产经营的所有产品。

马自达公司识别系统标志为字体图形。以大曲线和小圆弧相结合的现代构成设计方法，把 M、A、Z、D、A 五个字母等体量并列组接。其中 M、Z、D 三个字母大写粗黑字体，两个 A 字母小写粗黑字体，Z 字母的上下两条横线同斜撇之间分开，体现了企业作为市场和客户的联系中介，必须提供优质产品、技术、服务的经营宗旨。整个字体图形的形象造型同马自达汽车的形象造型整体一致，无论稳定感、可靠感、依赖感还是立体感、动态感、速度感，都非常强烈有力，形象地表现和展示了企业及其产品设计领先、创造开拓的新面貌。企业识别标志的标准色彩为钻蓝色，不仅清新、明朗、轻快、舒畅，而且直观地表现和展示了企业及其产品的高新科学技术含量和现代审美文化内涵。

第三，企业开发以企业识别标志为中心的视觉识别系统。20 世纪 70 年代以来，马自达公司首先开发了视觉识别系统，并且把视觉识别系统分成基础系统和应用系统。基础系统中例如企业识别标志为正型，企业识别标志变体为负型、反黑、反白三种，并且同标准色彩以及其他色彩变体组合使用。视觉应用系统主要包括了 8 大基本项目：办公事务用品，标识和路牌，车辆和船舶，容器和包装，制品和部件，建筑物和设备，制服和制帽，广告和产品手册。根据具体应用的环境、条件、目的、作用的不同，设计开发了两大主要类型的标识路牌——一种是识别性标识路牌，另一种是服务性标识路牌。识别性标识路牌又细分为三大主要类别：一是基本式标识路牌，由辅助性图形变体、蓝色矩形与企业识别标志组合构成；二是落地式标识路牌，由蓝色矩形与反白企业识别标志组合构成；三是栏杆式标识路牌，主要横置在办公楼、营业厅、加油站、维修服务网点等建筑物上，由蓝色矩形与反白企业识别标志变体组合构成。

第四，以企业识别标志为中心，视觉识别系统为基础，设计、开发行为识别系统和理念识别系统。行为识别系统特别强调了智能化促进社会文明进步的奋斗步伐，突出领先世界的创新活力和员工培训两大项目。

2.1.4 发展期（20 世纪 90 年代，全球）

进入 20 世纪 90 年代以来，世界进入了一个新产业革命时期，企业之间的竞争已经不仅仅是产品、质量、技术等方面的竞争，而是从质量和营销手段的竞争转变为品牌和科技的竞争，CIS 从初始的企业识别转化为更具广泛内涵的品牌识别。未来运用 CIS 战略，制定长远的发展规划和战略，树立企业品牌形象，对于世界各国企业来说，具有更加广泛的空间。

2.2 美国、日本、中国 CIS 模式及特点

回顾 CIS 的历程，我们可以清楚地看到，美国的 CIS 以 VI 为核心，强调视觉识别的功能，日本的 CIS 以 MI 为核心，深入到企业的价值观深处，并以此来统摄 BI 和 VI，更具文化内涵。

2.2.1 美国 CIS 模式及特点

1. 模式

美国是一个多民族、多元文化、多种语言并存的国家，技术水平、经济实力、管理水平和市场竞争能力都处于世界领先的地位。美国模式的 CIS 战略主要是通过对企业视觉识别（VI）的标准化、系统化设计规范，通过独特的视觉信息符号系统来表现企业的经营理念和特色，统一企业形象传播，达到使社会大众认知、识别，建立良好企业形象的目的，如图 2-2-1 所示。

2. 特点

（1）注重从视觉统一入手，强调标准字、色彩和标志的统一。

图 2-2-1 美国 Buffalo Wild Wings 连锁酒吧标志和包装应用
Buffalo Wild Wings 是美国一家连锁体育酒吧，于 1981 年开业，以提供招牌食品布法罗辣鸡翅（水牛城辣鸡翅，Buffalo wings）起家。其酒吧品牌形象突出、醒目，色彩高调、鲜明，各产品元素视觉统一，赢得了消费者的喜爱。如今，它已发展成为一家上市公司，在美国和加拿大拥有数百家分店

（2）比较重视企业管理因素，特别是制度条规的管理，偏重于理性制度管理。

（3）从管理角度看，比较系统规范，便于操作。

2.2.2 日本 CIS 模式

1. 模式

日本从美国引进 CIS 战略，不仅吸取了欧美等西方国家的长处，同时融合了日本民族文化和管理特色，创造了具有本民族特色的 CIS 模式。日本作为东方民族，其企业管理思想历来深受东方文化的影响，特别注重企业自身的内在修炼。日本模式的 CIS 巧妙地将西方先进的管理理论、管理技术和管理手段与日本的传统文化相结合，形成日本式的企业经营管理制度，以视觉识别和行为识别来反映企业理念和企业文化，是一种视觉表情、行为规范和企业理念相统一的 CIS 战略。这极大地提高了 CIS 的使用范围和价值，使更多的企业将 CIS 战略视为基本的经营战略。例如日本甜品店"黑船"（QUOLOFUNE）品牌形象就具有典型的日本模式，如图 2-2-2 所示。

2. 特点

（1）强调整体性、系统性的设计规则，尤其注重企业文化与经营理念的传达。

（2）突出人的因素，整个 CIS 设计偏向以人为主，强调一个"情"字，在制度建设上也强调和谐性。这与偏重于理性制度条规的美国型 CIS 形成了鲜明的对比。

（3）注重前置性的企业实态调查研究以及企业开发经营与发展策略制定，因而企业形象策划耗费的时间较长。

图 2-2-2 日本甜品店"黑船"品牌形象

2.2.3 中国 CIS 模式

1. 中国 CIS 的背景

20 世纪 80 年代初,CIS 登陆我国。当时,随着改革开放的不断深入,社会主义市场经济体制开始启动,面对着陌生而又诱惑的市场,企业迫切需要提高经营管理水平,开发和设计出能够打入市场并能占领市场的名牌产品，一些具有远见卓识的企业率先引入识别系统，通过企业形象设计使企业建立良好的形象，成为最早的受益者；同时在经济生活和市场管理等方面的法规不健全，假冒伪劣产品风起，企业迫切需要差别化，以维护企业和产品的信誉，特别是随着国际政治经济一体化进程的加速，国外产品将大量涌入国门，而国内企业也将向海外大力拓展，这样竞争将国际化，其激烈程度更甚于以往。因此 CIS 作为企业发展战略策划的重要性就显得尤为突出了。

1988 年，广州市新境界广告有限公司为太阳神集团公司（前身为广东东莞黄冈保健饮料厂）进行 CIS 策划，拉开了中国企业引进 CIS 的序幕，并经市场实践证明，是中国最具积极和深远影响的 CIS 战略典范。在短短的几年中，以太阳神为开端，"中国银行"、"万宝"、"半球"、"健力宝"、"乐百氏"、"李宁"、"卓夫"、"海王"、"森碧氏"、"浪奇"、"999"、"美菱"、"四爱"、"联想"等相继导入 CIS，以鲜明的企业形象如雨后春笋般屹立于中国市场，如图 2-2-3、图 2-2-4 所示。

图 2-2-3（上图） LONKEY 浪奇实业品牌形象
行业：日用品　服饰
项目：浪奇实业 CI 战略（李耀杰 90 年代作品）
服务：品牌战略规划
浪奇实业股份有限公司的前身是广州一家国营洗涤用品制造厂，在政策和市场推动下，制造厂需要创建企业与产品品牌并进行改制上市。浪奇的品牌理念为：创造生活无限美。品牌名称的创意点是水和奇迹的组合，寓意产品属性和强大功能
标志设计以优美的罗马字体和彩带为元素，象征人们对美好生活向往

图 2-2-4（右图） 中国银行（Bank Of China）品牌形象
中国银行是 1912 年 1 月 24 日由孙中山总统下令，批准成立。前身是 1905 年清政府成立的户部银行，在 1908 年改称为"大清银行"。近百年的发展，中国银行已经成为中国国际化程度最高的商业银行。随着业务的发展和管理的改进，中国银行在 20 世纪 80 年代开始推行 CIS 策划。
中国银行标志从总体上看是古钱形状代表银行；"中"字代表中国；外圆表明中国银行是面向全球的国际性大银行。
整个标志造型浓厚、大方、庄重，充分表现了中国银行的实力雄厚、服务周到的企业个性和内涵。
以中文标准字体为中介，把中国风格的标准形象图形与国际认同的标准英文字体有机地组合，融合中国文化的民族传统精神与形象营销的市场战略于一体，展现了中国银行走向世界、再创辉煌的企业风貌

2. 中国 CIS 的现状

CIS 在中国取得了较大的成功，但总体来说，中国 CIS 还处于萌芽、学习、模仿、宣传和探索之中。由于时代的局限性，目前市场竞争机制尚不健全，企业普遍对 CIS 缺乏了解，加上经济力量的限制，导入的只是片面、局部的 CIS，即实际上"VI"的成分较大。

另一方面，CIS 理论最初是由教育界引入，设计师认为 CIS 中的 VI 部分才是自己所能胜任的，因此，产生了 VI 与 MI、BI 脱离的情况，只顾到脸，而缺少头脑和四肢，实行 CIS 就不可能完善和彻底，给人感觉如同无本之木、无源之水。

3. 国内 CIS 设计的误区

国内企业实施 CIS 战略的误区表现为以下几方面：

（1）重商标，不重品牌。一个漂亮的标志，可以体现企业的精神面貌及品牌，可以引起消费者的共鸣并带动顾客购物欲，提升产品价值感。当然，我们还要注意的是，一个标志并不代表品牌的内涵。品牌设计需要有一套较为完整的 VI 系统（视觉形象识别系统），才能给消费者一个整体的品牌认识。

（2）重市场，不重管理。CIS 是由 MI、BI、VI 三者所构成的。VI——视觉系统（品牌体系），重点是对准市场开发的系统；MI、BI——思想系统、行为规范系统（文化体系），重点是对准企业管理而开发的系统，二者相得益彰，对企业的生存与发展起到助推器的作用。企业在确定导入 CIS 时，应根据企业的实际情况，进行相关设计项目的选择。

（3）重广告，不重品牌。品牌是战略，广告是战术。广告是考虑目前的事，品牌是考虑长远的事，广告设计与品牌设计是两回事。广告设计不能代替 VI 设计。没有 VI 设计基础的广告，是无品牌目标的广告。

（4）重价格，不重价值。企业经营者会发现一个很特别的现象，那就是 CIS 无价。做一本画册，设计个单张，可能有一个均价，但 CIS 的价差非常大。

课后任务

1. 结合案例，认真回顾和分析企业形象设计的历史演变。

2. 分析美国企业形象设计与日本企业形象设计有什么共同点和区别？它们对中国的企业导入 CIS 有什么借鉴作用？

3. 分析企业形象设计是如何在中国发展起来的？

延伸阅读

1. 庞黎明，庞博. CIS 设计教程［M］. 北京：中国纺织出版社，2006.

2. 李毅. 视觉传达中的企业形象设计——CIS 的深层揭示［M］. 北京：机械工业出版社，2012.

第3章　企业形象设计内涵

引导案例

汉堡王（Burger King）品牌形象策划

汉堡王（The Burger King Company）是最早在美国佛罗里达州迈阿密市开办的一家快餐店，目前已发展为全球大型连锁快餐企业，在全球61个国家及地区拥有超过11220间分店。

1989年，汉堡王进行品牌重组并且逐渐向国际扩张。原先的BK品牌标志从1969年使用到20世纪90年代，参考了从中间切开的面包形态。这个标志十分简单，两片面包图案当中央夹着红色的BURGERKING字样。1994年，汉堡王对第一个标志进行了更新，加入一个更为流畅的字体和圆形边缘。到了1999年，汉堡王又一次对其标志进行升级，更新了两片面包的形态，并且加入了一个蓝色的旋风图案以使品牌形象更为现代。随着公司的发展，为更加树立其快餐业巨人的地位，公司再次决定对其品牌进行全面的改进，希望创造出稳健的、强有力的品牌形象，使品牌各个方面（如商标、招牌、餐馆环境以及包装）都能为消费者所熟悉。

斯特林设计集团接受委托与汉堡王公司的品牌设计组进行合作。汉堡王希望仍能保持老品牌中的小甜圆面包的设计因素，但目标是逐步形成一种有高度影响力的品牌标记。他们希望不必很时髦，但能适应时代的步伐，并体现出很强的活力。旧的品牌标志很大众化，并且过于温和，一切都是曲线形的，其中字体是圆的，小面包的形状也是圆的，黄色和红色都是暖色调，缺乏节奏感和活力。

斯特林设计集团和汉堡王公司的品牌设计组在商标设计上进行了几次尝试，包括在设计中加入火焰图案，以突出汉堡王是经过火烤的。还尝试了不同的字体颜色。但是设计并没有加入过多的元素，他们认为，新商标的应用会无处不在，过于花哨会减弱其可视性。当然为了打破原商标的温和性，新品牌加入了蓝色，大大增加了设计的灵活性。最终，设计者很好地保留了原品牌标志中面包的形象，因为它体现出该品牌的魅力所在，设计者把字体扩大至面包的外围，以突出可口的三明治，稍微倾斜的状态则表现出了活力与动感，如图3-0-1所示。

随着新品牌的确立，汉堡王公司委托费奇公司设计品牌的立体外观，包括建筑物的内外设计，商业装饰以及汉堡王餐馆内的一些标语牌。内部设计重点主要放在为方便消费者点菜而设计高效布局。例如：为点菜和选菜辟出专用空间，重新设计的菜

图 3-0-1　汉堡王（Burger King）品牌形象策划1

单仅显示当天的菜肴等。调查发现人们喜欢快速的获得食品，但却希望放松的用餐环境，于是在调整环境的情况下，几种座位的布局纳入设计的方案中，包括为团体、家庭准备的大的明亮的空间和情侣桌。灯光布置也进行了精巧的设计。在包装方面，还设计了一种透明的袋子，这样人们就很清楚袋子里装的东西，而没有必要打开袋子进行检查。甚至，在每个餐桌上都设置了提示服务员的按钮，当顾客需要服务的时候，可以按下按钮，这个主意使顾客非常满意。

新的品牌体现了这样一种理念：密切的关注顾客对快餐店的期望。这使汉堡王在竞争中异军突起，别具特色。到目前为止，消费者对该品牌反应积极，销售额也随之暴涨，餐馆面貌一新，生意兴旺。

2010年，汉堡王推出了全新的全球性包装，这位快餐王国的领头者以其飞快的发展速度在国际市场迈开脚步。他们已经开始逐步重视他们的产品包装，美国设计师David Iglesias 负责了其中的大部分设计，并对原有品牌标志系统进行了升级。从全新的外观来看与其他快餐品牌已经有了明显的差距，如图 3-0-2 所示。

图 3-0-2（一）　汉堡王（Burger King）品牌形象策划2

图 3-0-2（二） 汉堡王（Burger King）品牌形象策划 2

3.1 企业形象设计的特征

1. 对象性和主客观性

因公众的背景、层次、职业等的不同，对企业形象会有不同的理解和认识，这就决定了企业形象有一定的对象性和主观性。虽然不同的公众对同一企业会有不同的认知，但它们都是以企业这一客观对象为基础的，所反映的是企业的特征和现状，因此对企业形象传播方案的制订，应考虑不同的公众对象。

2. 战略性和统一性

CIS 设计是"沟通企业理念和文化的工具"，其本质是整体形象和整体战略的制定和传达。CIS 关系到企业的全局，它的决策与设计应以战略的眼光，从企业的长期目标和大局出发，并充分发挥三大要素的识别功能，形成最合理的识别系统。企业理念和形象的战略导向正确与否是 CIS 设计成功与否的关键。而统一性则表示企业理念贯穿于整个组织内、外部活动的始终，不能凌乱孤立，这才能在传播过程中起到积极的作用。

3. 整体性和层次性

企业形象可分为表层形象和深层形象。表层形象大多由企业的外部（如视觉要素、行为活动等）可直接感知的形态形成，深层形象则多由企业营运理念、价值观等深层因素影响所致，它对公众的影响长期而持久。深层形象和表层形象要和谐统一，才能树立起良性的有血有肉的企业整体形象。

4. 稳定性和差异性

CIS 设计从某种意义上来讲，就是一种差别性设计。企业形象为了组织的理念及所统治的视觉识别与行为识别与众不同，通过寻找、树立企业的独特性，将个性放大，使其在众多竞争者中脱颖而出，则要求具有很强的差异性识别。而相对的稳定性是 CIS 设计产生影响的前提，也是树立良好企业形象的途径。

3.2 企业形象设计的功能

企业形象策划的具体功能可分为对企业内部和企业外部两个方面的功能，这两部分是相辅相成、互为补充的。

3.2.1 内部功能

企业形象策划的内部功能是指企业形象对企业内部经营管理的作用。

（1）导入企业形象有利于企业文化的建构。企业文化是企业员工所追求的固有价值、思维方式、行为方式和信念的综合，最大作用是强调企业目标和企业员工工作目标的一致性；强调群体成员的信念、价值信念的共同性；强调企业的吸引力和向心力，因此它对企业成员有着巨大的内聚作用，使企业成员团结在组织内，形成一致对外的强大力量。

（2）导入企业形象有利于产品竞争力的增强。企业形象给人印象强烈的视觉识别设计，有利于创造名牌，建立消费者的品牌偏好。

（3）导入企业形象有利于多元化、集团化、国际化的实现。

3.2.2 外部功能

企业形象策划的外部功能是企划广泛应用的原因，它有利于企业经营资源的利用，有利于消费者的认同，以及有利于企业的公共关系。

1. 有利于企业经营资源的利用

企业的经营资源主要包括人、财、物三个方面，企业形象策划的推行使企业能充分利用外界的各种经营资源，并实现合理配置。

（1）有利于企业员工的稳定和招揽优秀人才。

（2）有利于企业的融资和股东投资信心的增强。

（3）有利于企业扩大流通渠道。

2. 有利于获得消费者的认可

名牌在消费者看来，是一种信任的标志，也是一种荣誉的象征。名牌所引申出来的气派和身价，让消费者认为即使花费比同类商品高出很多的钱也值得购买。

3. 有利于企业公共关系的运转

企业的公共关系大致分为员工关系、顾客关系、金融界关系、供销关系、政府关系、社区关系、新闻界关系等，是直接为企业的经营发展服务的，它通过传递企业的有关信息来协调企业与公众的各种关系，有利于信息传递的可信性、真实性和统一性，使企业的公共关系活动得到顺利发展，如图 3-2-1 所示。

图 3-2-1 PGL 宝供物流 Logo 及品牌形象应用

服务：品牌战略规划。

背景：从储运到物流。

宝供物流首先提出物流一体化服务概念，是首家经国家工商总局批准以物流名称注册的民营物流集团。拥有前瞻性经营战略的宝供物流在全球有 50 家分支机构，拥有宝洁、联合利华等国际性的合作伙伴。

挑战：塑造现代物流企业概念和形象。

策略：定位具实力与稳定感的国内最大民营物流企业，并整合出现代物流概念为：网络、系统、稳定、安全。

解决：现代国际的沟通宝盒。

实效：提升的品牌，铸就的辉煌。

全新的宝供物流识别体系应用在集团内外，明显提升了宝供物流的品牌价值，使其彻底摆脱在受众眼中储运公司低级、陈旧的形象，迅速成为我国最具规模、最具影响力、最领先的第三方物流企业

3.3　企业形象设计发展趋势

企业导入 CIS 是一个长期复杂的战略，因此从一个企业的 CIS 变更中，特别是外化为视觉识别系统的 VI 变更中能看到一个企业经营理念的转变。

3.3.1　从静态到动态

企业形象设计长期以来是以一种静止和程式化的形态呈现的，以标准化的图形和颜色作为视觉传达的要素，缺乏新意和活力。其原因是设计观念上束缚太深。特别是标志设计，我们常将其理解为一张脸，好比 IBM，造型和构成方式在不同的载体和环境中使用都具有一致性和稳定性。20 世纪末，数字化媒体出现，尤其是在 flash 等简单好用的动画软件面世后，各种动画形式的 VI 设计面世，也有在平面的媒介上表现超平面的动态效果的。电脑技术在设计上的广泛应用挑战着艺术设计形式，同时也充实着设计的外延。许多设计师已经不再满足于原有 VI 设计仅局限在平面和静态的状况，现在国外的标志设计早已打破传统规则，在静止的二维平面中加入"时间"和"表情"，在应用中丰富和灵活的展现。NIKE 公司、SONY 公司设计的推广片更进一步证明了视觉传达设计由静态向动态的新走向。

3.3.2　以企业为核心向以消费者为核心转变

20 世纪 70 年代后期开始，有学者从理论上提出：CIS 理论是"从里向外"的思维方式，是从企业的角度出发，而非从消费者的角度出发，与市场营销管理观念发展的趋势相悖，因而不可避免带有时代局限性。随着 CIS 系统认识的深化和管理的科学化，企业认识到满足消费者需求是企业的终极目标，于是更注重将企业文化和不同市场的文化相融合，更注重市场营销观念的导入。

3.3.3　从国际化到本土化

一位经济学家曾指出：美国公司海外业务的成败取决于是否认识和理解不同文化存在的区别；取决于负责国际业务的高级经理们是否愿意摆脱美国文化的影响。从国际化到本土化的 CIS 设计趋势正在被越来越的公司所认同并运用于自己企业的形象之中。特别是经济全球化的今天，随着跨国公司把其业务扩展到地球的每个角落，纯粹的传播自己公司理念和观念的方式已经不那么有效，取而代之的是使公司融入不同地域文化之中。

【案例解析】

可口可乐形象策划发展趋势

作为企业形象系统导入成功者之一的可口可乐公司，其 CIS 系统的变化还可以作为设计界的风向指标，引导着业界的新发展趋势。可口可乐公司历次 CIS 不断更新，总结出几点发展趋势。

第一，从静态到动态。

传统的 VI 设计是静态的，以标准化的图形和颜色作为视觉传达的要素。可口可乐新的中文标志和包装有着细微之处的调整：新包装及标志的红色背景中加入了暗红色的弧线，整体红色变得更有深度和动感，并产生了多维的透视效果。罐身包装的侧面设计了崭新的"气泡弧型瓶"，既保留了原有弧形瓶的原创性，又体现了新的动感效果。多层次的飘带图案，和飘带中的银色边线及飘带两侧的气泡更强调了活力和现代感。经过微妙的调整和添加，原有的视觉元素"活"了起来。设计师就是通过这种方法力图使设计突破二维媒介的局限，创造一种视觉上动态的效果，如图 3-3-1 所示。

图 3-3-1　可口可乐新形象 1

第二，以企业为核心向以消费者为核心转变。

2002 年，公司在中国市场推出泥娃娃"阿福"的新形象。阿福邀请小朋友一起剪纸、喝可乐，伴着"龙腾吉祥到，马跃欢乐多"的对联展开共迎新春。2003 年，公司沿用"阿福"形象，把阿福带到北方小乡村。阿福与小朋友一起滑雪放鞭炮，同时出现"可口又可乐，羊年喜洋洋"的对联。浓浓的中国味和"阿福"的形象深深地刻在消费者心中。这无非是企业认识到不同地区消费者拥有不同的文化背景和喜好，抓住了中国消费者对吉祥、热闹、合家欢的渴求心理。因此公司从原来一味以企业为核心，传播其美国文化到逐渐淡化美国情结，转而更关注消费者的心理需求。广告风格的转变是这一趋势最明显的表现。如图 3-3-2 所示。

第三，从国际化到本土化。

回顾一下可口可乐在中国及世界不同地区的设计、广告及推广活动：2001 年 7 月中国申奥成功，可口可乐为此特别推出奥运金罐，以喜庆的金色和红色作为主调，并

图 3-3-2　可口可乐新形象 2

加入天坛、长城等元素；2001年10月中国足球队提前两轮入围世界杯，一款全新设计的珍藏版罐装可口可乐也适时面世；2002年推出"阿福"形象，再到2008年新中文标志的横空出世，无不体现可口可乐融入地方文化，从国际化到本土化的发展趋势，如图3-3-3所示。与此同时在不同市场，公司也在策略上作了相应调整，集中反映在不同国家广告语上：在美国本土，广告口号是"无法抓住这种感觉"；在日本市场是"我感受可乐"；到意大利则变为"独一无二的感受"；在智利又变为"生活的感觉"。广告信息始终随着具体的时空、情景调整，始终以当地文化形态作为出发点。

图3-3-3 可口可乐新形象3

3.3.4 从盲目炒作到趋于理性

20世纪80年代，随着CIS在全球的盛起，各企业纷纷导入CIS系统以期带来企业的腾飞和丰厚的利润，例如90年代中国"太阳神"等企业的成功成为一段传奇。进入21世纪，曾经的明星企业再也不复当年，启用了CIS系统的企业也发现并不如他们所期待的那般具有让企业起死回生的神奇魔力，人们开始进入怀疑企业形象设计时期，更有人提出CIS系统不过是泡沫。的确，过分的强调和高估CIS系统对于整个企业发展的作用是有失客观的，把CIS纯粹理解为视觉系统，希望依靠设计师设计几个标准化的图形，弄一个CIS手册就能对企业的管理起到很大作用是不正确的。只有科学认识CIS，从MI、BI、VI三个方面入手，从企业的决策层抓起，结合公司品牌战略、营销公关策略和企业文化，立体地来完善CIS形象才能够达到效果，如图3-3-4所示。

图3-3-4 桂格（Quaker）品牌提升设计

起始于1877年的谷物早餐品牌Quaker在135年前将谷物类食品带入美国市场。发展至今已由百事可乐公司兼并的Quaker，旗下拥有众多产品包括谷物早餐、干果蔬麦片、燕麦片、饼干小食等在内多达40余种。近两年，Quaker在无正式宣传且未对产品包装再设计的情况下，进行了两次基本不具意义的标志再设计，这导致旗下众多产品开始出现视觉系统混乱的状况。
在经过了一段时间的视觉混乱后，Quaker终于正式推出了一个打破以往标志特点，具有皇家气质且符合其品牌年代感的标志形象。全新的产品包装相较于之前，诉求点也更简洁明了。

课后任务

1. 结合案例，思考企业形象设计的功能。
2. 收集、研究案例，分析其企业形象策划的发展趋势。

延伸阅读

1. 周小儒. 企业形象设计［M］. 北京：化学工业出版社，2010.
2. 成美营销顾问. http：//www.chengmei-trout.com.
3. http：//www.brandsar.cn/enjoy/enjoy.php?id=186（可口可乐 Coca-Cola 品牌形象演变）.

第4章 企业形象设计结构

引导案例

麦当劳 CIS 案例

麦当劳只是出售一种叫"汉堡包"食品的快餐店，然而就是这种两片小圆面包夹着"一块圆牛肉饼"的快餐，却风靡了全世界。而且麦当劳进入中国才两年的时间，就在中国老百姓中引起了轰动。据说，北京王府井麦当劳餐厅开业当天，就以交易次数达 13000 次而打破了麦当劳各店开业的世界纪录。如今麦当劳已成为世界上最大的快餐连锁集团。为什么经营其貌不扬的"汉堡包"能受到众多顾客的欢迎？其奥妙就在于麦当劳的 CIS 战略。首先，麦当劳确定了以品质（Q）、服务（S）、清洁（C）、价值（V）四个方面为内容的正确理念，几十年来，自始至终恪守着"Q、S、C、V"的信条，并且把这种经营理念贯穿于 CIS 战略的所有行动识别和视觉识别之中。这是麦当劳能够成功的第一主要原因。为了保证"Q、S、C、V"的实施，在企业内建立起一套"小到洗手有程序、大到管理有手册"的工作标准，使它成为麦当劳工作系统运转的"圣经"。为树立良好的企业形象，麦当劳除出资赞助福利院、赞助运动会以外，还积极组织员工到公园参加美化劳动、到地铁站搞卫生等社会公益性活动。此外还设计了具有明显识别功能的金黄色双拱门——"M"，作为其标志以及象征祥和友善的吉祥物——麦当劳叔叔，等等，如图 4-0-1 所示。广大顾客正是通过麦当劳一系列的行动识别和视觉识别，从中领悟到麦当劳的正确理念，从而使"Q、S、C、V"的经营理念通过良好的企业形象，像磁铁一样不断把顾客吸引进麦当劳之门。

其次，CIS 战略在麦当劳的连锁经营中也能充分发挥作用。由于麦当劳是快餐店，

图 4-0-1 麦当劳品牌形象1

因此它是以分散的、多地点化的经营为特点的。所以,作为同一类型的服务,一个重要的问题就是必须保持其质量与服务的一致性。因为只有保持一致性,才能给顾客以信心,才能增加企业的可信度,才能显示出企业的整体形象。因此,导入 CIS 战略对于麦当劳发展连锁经营绝对是重要的。因为 CIS 战略的特点就是要强调树立"独立性"和"统一性"的企业形象。由于导入了 CIS 战略,使分散在世界任何一个角落的麦当劳分店都与麦当劳总店保持和谐、一致,从而大大增强了麦当劳集团的整体实力。

MIS——企业之"心"

麦当劳企业文化中深层的精神文化即企业理念为:Q+S+C+V 的企业理念。

Q 代表品质。麦当劳的品质管理非常严格,汉堡包出炉超过 10 分钟,炸薯条超过 7 分钟就舍弃不卖。另外麦当劳的所作所为都有科学依据。比如,与汉堡一起卖出的可口可乐,据测在 4℃时,味道最为甜美。于是,全世界麦当劳的可口可乐温度,统一规定保持在 4℃。由此麦当劳管理之严格可窥一斑!我们看看麦当劳的研究:面包厚度在 17cm 时,进入人口的味道最美。于是,所有的面包做 17cm 高。面包中的气泡,在 5cm 时味道最佳,于是所有面包中的气泡都为 5cm。

S 代表服务。包括店铺建筑的舒适感,营业时间的设定和服务态度等。所有店员都要面带微笑,活泼开朗地与顾客交谈、为顾客服务,让顾客身心得到放松。客人从选定所要食物到拿到手中一般不能超过 1 分钟。麦当劳快餐店从一开始就把为顾客提供周到、便捷的服务放在首位。所有的食物都事先盛放在纸盒或杯里,顾客只需排一次队,就能取得他们所需要的食品,为了适应高速公路上行车人的需要,麦当劳快餐店在高速公路两旁开设了许多分店,他们在距离店面 10 来米远的地方,都装上通话器,上面标志着醒目的食品名称和价格,当人们驱车经过时,只要打开车窗,向通话器报上所需食品,车开到店侧小窗口,便可以一手拿货,一手交钱,马上又驱车上路。

C 代表清洁。在麦当劳员工行为规范中,有一条条文:"与其背靠墙休息,不如起身打扫。"为了吸引顾客,麦当劳快餐店把场地及时清理,以努力改变公众那种"廉价餐厅不清洁"的偏见。

V 代表价值。传达了麦当劳"提供高价值的高品质物品给顾主"的观念,也即"物超所值"。

BIS——企业之"手"

麦当劳的企业行动和企业理念具有一贯性。麦当劳公司有一套准则来保证员工行为规范:营业训练手册、品质导正手册、管理人员训练,即小到洗手消毒有程序、大到管理有手册,以保证 QSCV 的贯彻。

1. "麦当劳叔叔"出台

麦当劳叔叔的前身是一个名叫波索的马戏团小丑,深受小朋友们的欢迎。后来麦当劳决定自创小丑进行宣传。第一个"麦当劳叔叔"诞生了。其形象非常商业化:帽子是一顶顶着汉堡、奶昔和薯条的托盘,鞋子像两块大面包,鼻子上装了一对麦当劳杯子。造型有了,关键是该怎样打出知名度。麦当劳每年花费大量的广告费用于"麦当劳叔叔"的宣传。他们认为麦当劳叔叔虽然是大人,但是他不应该是一个父亲型的人物,他应该站在儿童一边,做他们喜欢的事——溜冰、打球、游泳等。大笔的钞票终于使这个人物人人皆知了。麦当劳叔叔每在一处公开露面，必定造成当地交通阻塞。现在麦当劳叔叔作为麦当劳连锁的代言人，不仅是在同行业中，就是在食品业以外，都有着无与伦比的地位。在儿童们的心目中，能与麦当劳叔叔竞争地位的，也就只有那位圣诞老人了。这样，麦当劳赢得了儿童市场。目前，在美国7岁以下儿童的速食市场中，麦当劳占有率为42%！

2．参加公益活动

麦当劳总公司要求连锁店主参加当地的公益活动，这样比较容易成为地方新闻。在麦当劳给加盟店主的公关手册中，提到在各个不同的市场应采取不同手段。比如，在以家庭为主的市场，可以把卖汉堡包的钱捐给当地的学校做乐队制服等。在手册里，还指导加盟者如何争取让报纸报道各店的活动，如何争取照片上报等。在20世纪50年代末期的一个圣诞节期间，芝加哥麦当劳店的几名经理特意装饰了一部"圣诞老人的后援车"，行驶在芝加哥闹市区，提供热咖啡及食物给在街角募款的许多圣诞老人，这张照片被芝加哥多家地方报纸登载。这种宣传活动，不仅便宜，而且效果奇佳。几乎所有的麦当劳餐厅都自动地参加各项地区性的活动，如学校乐队、童子军、医院等。据估计，麦当劳每年都要捐出4%的所得用于各项赞助活动。这样一来，餐厅的主人，也就是各地的加盟者便都成为当地的知名人士了。

在麦当劳福利系统中，有一个活动很为世人所瞩目，那就是——"麦当劳叔叔之家"。那是源于一个小小的故事。足球明星西尔的女儿不幸得了败血症，长期住院。西尔就公开要大家帮忙在医院旁边建造一个家。麦当劳的几位加盟者帮了他的忙，建起了第一间"麦当劳叔叔之家"。以后，广告公司就推广了这个点子，利用各加盟者的捐款，建了许多"麦当劳叔叔之家"，大部分建在儿童医院的旁边，专门提供免费或低价房间租给小孩的父母。此举使麦当劳名声大噪。

3．麦当劳餐厅乐园引人遐思

麦当劳认为"每一个人都可以卖汉堡，但是，我们不只是卖汉堡。所以在全国广告上，我们也希望多付出一些关怀，多传达一份信息，告诉大家我们与众不同，我们有多一份的温暖和魅力。"麦当劳公司做了一项调查，显示出来去麦当劳对于一家人而言，就跟去欢乐岛度假似的，小朋友们看到的是堆积如山的薯条，母亲享受到不必准备晚餐的轻松，而当爸爸的则可暂且偷安，逃避工作的负重，于是麦当劳公司决定把麦当劳餐厅塑造成一个充满了欢乐的地方。

4．宣传"麦当劳"食品文化

麦当劳的利润很高，是众所周知的，为此也经常受到社会舆论的批评。然而，为什么近年获得超额利润的麦当劳汉堡包王国仍能创业有成？其奥秘就在于它当初确定的创业策略，汉堡包王国创业初期，就定义它提供的是富裕社会中产阶级的食物。这种宣传策略使得中产阶级以吃汉堡包为荣，并以此炫耀其中产阶级的归属感。另外，通过这种有效的宣传，也使吃汉堡包成了美国中产阶级子女的时尚。到20世纪60年代，麦当劳的这种宣传策略形成了"汉堡包文化"。麦当劳王国就建立在这样的文化风潮之上，并靠自己塑造出来的食品文化来获取超额利润，维护其在美国上层社会的广阔市场。

当麦当劳公司向国际市场进军时，这种颇具影响力的"汉堡包文化"，由于受到美国中产阶级的支持，代表了一种优势的美国文化，因而也就很容易被其他国家的中产阶级所接受。他们都认为吃汉堡包能表明他们已是现代人，属现代中产阶级。汉堡包在中国、日本、菲律宾、新加坡等国一经上市，往往都能迅速占领市场，主要就是因为它创造了一种现代饮食文化，形成一种追随美国消费文化的时尚与风潮。

VIS——企业之"脸"

在麦当劳的视觉识别中，最优秀的是黄色标准色和M字形的企业标志。黄色明亮、柔和，在任何气象状况或时间里辨认度都很高。M形的弧形图案设计非常柔和，和店铺大门的形象搭配起来，令人产生走进店里的欲望。从图形上来说，M形标志是很单纯的设计，无论大小均能再现，而且从很远的地方就能识别出来。标准字也设计得简明易读，宣传标语是世界通用的语言："麦当劳。"这个标语没有设计成"美国口味，麦当劳"，实在是麦当劳成功之处。现在，无论你走到任何一个国家，只要一见到这个金黄色双拱门，就会马上联想到麦当劳公司，就知道附近一定有麦当劳分店，如图4-0-2所示。

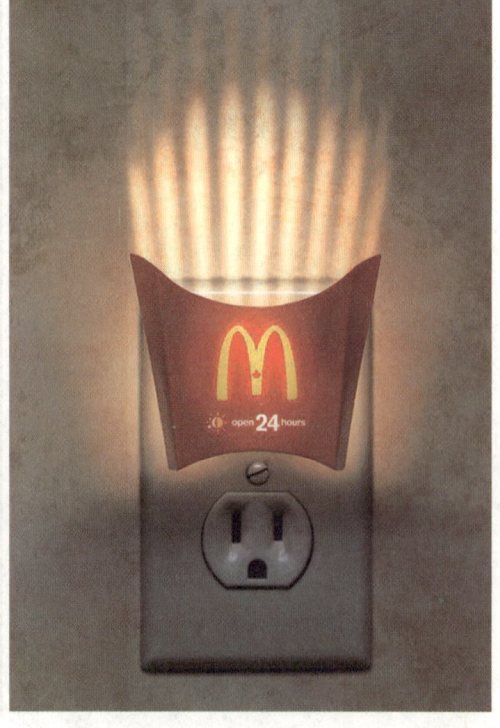

图4-0-2（一） 麦当劳品牌形象2

图 4-0-2（二） 麦当劳品牌形象 2

> CIS 战略的作用，我们可以从麦当劳的成功中得到充分的体现。而麦当劳就是依靠 CIS 战略的成功实施，进入了世界 500 强的大门。

经过市场竞争的严峻考验，CIS 战略从诞生到完善，逐步走向规范、完整的企业识别系统，包括理念识别（Mind Identity，简称 MI）、行为识别（Behavior Identity，简称 BI）以及企业视觉识别（Visual Identity，简称 VI）。三大识别系统既相辅相成、不可分割，又相互作用、相互渗透，如图 4-0-3、图 4-0-4 所示。

■ 理念识别（MI）——企业核心，是整个 CIS 的最高决策层，给整个系统奠定了理论基础和行为准则，并通过 BI、VI 表达出来。

■ 行为识别（BI）——是指企业思想的行为化。通过企业思想指导下的员

图 4-0-3 CIS 结构图 1

MI—理念识别（Mind Identity）	最高决策层导入企业识别系统的原动力，企业核心经营理念与精神文化理念
BI—行为识别（Behavior Identity）	企业运作方式所作的统一规划而形成的动态识别系统
VI—视觉识别（Visual Identity）	静态的识别符号具体化，视觉化的传达形式，项目最多、层面最广、效果直接

图 4-0-4 CIS 结构图 2

工对内对外的各种行为，以及企业的各种生产经营活动，传达企业的管理特色和文化特色。

■企业视觉识别（VI）——是指企业识别（或品牌识别）的视觉化。通过企业或品牌的统一化、标准化、美观化的对内、对外展示，传递企业或品牌个性（或独特的品牌文化）。

4.1 理念识别（MI）——企业之"心"

4.1.1 理念识别（MI）概述

理念识别（Mind Identity，MI），CIS战略的基础核心，是企业思想的整合化，是企业生产经营过程中设计、科研、生产、营销、服务、管理等经营理念，是企业对当前和未来一个时期的经营目标、经营思想、营销方式和营销形态所作的总体规划和界定。

4.1.2 理念识别（MI）的内容

理念识别的内容包括：经营理念、经营宗旨、核心价值观、企业愿景、企业精神、企业哲学、企业作风、企业定位、管理理念、人才观念、工作观念、客户观念、价值观念、品牌定位、品牌标准广告语等。

1. 经营理念

即企业在长期经营活动中所形成并一贯坚持的理想和信念，是企业经营所依据的思路和观念。例：

■IBM公司——充分考虑每个雇员的个性；花大量时间令顾客满意；尽最大努力把事情做对，谋求在我们从事的各个领域取得领先地位。

■丰田公司——丰田最大的财富不是汽车，而是丰田的职工。

■海信集团——理性、效益、安全，如图4-1-1所示。

■青岛港务局——没有货主，没有用户，青岛港就没有饭吃；货主用户的满意就是质量工作的标准；价格优惠，手续便捷，24小时服务。

2. 经营宗旨

即企业对内、对外、对社会应承担的责任和义务，反映了企业存在的根本价值。例：

■惠普公司——创造信息产品以便加速人类知识的进步，并且从本质上改善个人及组织的效能。

■中国华能集团——把华能建设成一个为中国特色社会主义服务的"红色"公司。一个注重科技、保护环境的"绿色"公司。一个坚持与时俱进、学习创新、面向世界的"蓝

图4-1-1 海信集团品牌形象

色"公司。

- TCL集团——为顾客创造价值，为员工创造机会，为社会创造效益。
- 海尔集团——装点人生，服务社会。
- 青岛啤酒公司——发展青岛啤酒，弘扬民族工业。
- 万科集团——建筑无限生活。
- 清华同方——依托清华大学雄厚的科技与人才优势，促进科技成果的转化与产业化，为发展知识经济、落实科教兴国战略而奋斗，如图4-1-2所示。

图 4-1-2　清华同方 logo

3. 核心价值观

企业存在的目的、意义的集中反映，是企业的精神支撑力、驱动力和所有价值观的核心，决定了企业的基本特性和发展方向，也是企业及其每一个成员共同的价值追求、价值评价标准和所崇尚的精神。

- 惠普公司——相信、尊重个人，尊重员工；追求最高的成就，追求最好；做事情一定要非常正直，不可以欺骗员工，不能做不道德的事；公司的事情是靠大家完成，并不是靠某个人的力量来完成；相信不断创新，做事情要有一定的灵活性。
- IBM公司——IBM就是服务。
- 诺基亚——科技以人为本。
- 中国华能集团——坚持诚信，注重合作，不断创新，积极进取，创造业绩，服务国家。
- 中国电信——全面创新，求真务实，以人为本，共创价值。
- 中国移动——正德厚生，臻于至善。
- 中国石化工程建设公司——知识力＝竞争力，满意度＝生命力。
- 海尔集团——创新；真诚到永远。
- 万科集团——创造健康丰盛的人生；客户是我们永远的伙伴，人才是万科的资本，"阳光照亮的体制"，持续的增长和领跑。
- 联想集团——服务客户，精准求实，诚信共享，创业创新。

4. 企业愿景

即企业发展愿望的情景式描述，是企业凭借现有资源条件，科学把握市场运行规律而制定的、带有理想化的长期愿望。

- 中国华能集团——努力把华能建设成为实力雄厚、管理一流、服务国家、走向世界，具有国际竞争力的大企业集团。
- 中国石化工程建设公司——建设有较强竞争力的、知名的国际化工程公司。
- 万科集团——成为中国房地产行业领跑者。
- 联想集团——高科技的联想、服务的联想、国际化的联想。
- 新兴建总——铸诚信大厦，塑时代精品；立百年基业，谋人类福康。

5. 企业精神

即企业在长期经营管理的实践中，逐步发展或精心培育形成的，为广大员工所认同的群体意识，是企业生存和发展的精神支柱。往往以简洁生动而富有哲理和个性特点的语言表达出来。

■ 百事可乐公司——胜利是最重要的，如图 4-1-3 所示。

图 4-1-3　百事可乐品牌形象

■ 索尼公司——永不步人后尘，披荆斩棘开创没人敢于问津的新领域，干别人不干的事。

■ 松下公司——产业报国、光明正大、和亲一致、奋斗向上、礼貌谦让、适应形势、感恩戴德，如图 4-1-4 所示。

■ 佳能公司——自发，自治，自觉。

■ 中国华能集团——千言万语、千辛万苦、千方百计的敬业精神；逢山开路，遇水搭桥的开拓精神；自找差距，自我加压的进取精神；敢为人先，敢为人所不能的创新精神。

■ 中国石化工程建设公司——精诚团结，追求卓越，终身学习，超越自我。

■ TCL 集团——敬业、团队、创新。

■ 海尔集团——敬业报国，追求卓越。

■ 同仁堂集团——同修仁德，济世养生。

■ 青岛港务局——一代要有一代人的作为，一代要有一代人的贡献，一代要有一代人的牺牲。

■ 新兴建总——自强不息，永争第一。

图 4-1-4　索尼、松下公司形象

6. 企业哲学

即指导企业生产、经营、管理等活动及处理人际关系的原则，是企业最高层次的管理理念，也是企业中各种活动规律的正确反映，并主导着企业文化其他内容的发展方向。

- 宝钢集团——宝钢为您创造价值。
- 海尔集团——斜坡球理论。即企业如同斜坡上的球体，要使它向上移动，必须有：止动力，就是"日清日高"的基础管理；拉动力，就是企业的创新力。
- 联想集团——"变"是联想集团永远不变的主题。

7. 企业作风

企业风气的核心成分在企业经营管理工作中的体现，通过员工的言行反映出来，成为影响企业形象的重要因素。例：

- 中国华能集团——善开拓，讲效率，重信誉，勤俭办事。
- 首钢集团——认真负责，紧张严肃，尊干爱群，活泼乐观，刻苦学习。
- 海尔集团——迅速反映，马上行动。
- 海信集团——严格要求，雷厉风行。
- 长安集团——今天的事今天完，明天的事今天想。
- 新兴建总——雷厉风行，善打硬仗，纪律严明。

4.1.3 理念识别（MI）的功能

确立和统一企业理念，对于企业的整体运行和良性运转，具有战略性功能与作用。理念识别的功能和作用可分为企业内部功能和企业外部功能。

1. 对内功能

（1）导向功能。企业理念，就是企业所倡导的价值目标和行为方式，它引导员工的追求。因此，一种强有力的企业理念，可以长期引导员工们为之奋斗，这就是企业理念的导向力。

（2）激励功能。企业理念既是企业的经营宗旨、经营方针和价值追求，也是企业员工行为的最高目标和原则。因此，企业理念与员工价值追求上的认同，构成员工心理上的极大满足和精神激励，它具有物质激励无法真正达到的持久性和深刻性。

（3）凝聚功能。企业理念的确定和员工普遍认同，在一个企业必然形成一股强有力的向心力和凝聚力。它是企业内部的一种黏合剂，能以导向的方式融合员工的目标、理想、信念、情操和作风，并造就和激发员工的群体意识。员工的行为目标和价值追求，是员工们行为的原动力，因而企业理念一旦被员工认同、接受，员工自然就对企业产生强烈的归属感，企业理念就具有强大的向心力和凝聚力。

（4）规范行为。这里的行为指的是受思想支配而表现在外的活动，包括企业行为和员工行为。

2. 对外功能

（1）创造个性。就CIS系统的整体而言，本质特征是差别性。

（2）确保同一性。指企业上下内外须保持经营上、姿态上、形象上的高度一致性。

（3）稳定功能。强有力的企业理念和精神，由于其强大导向力和惯性力，可以保证一个企业决不会因内外环境的某些变化而使企业衰退,从而使一个企业具有持续而稳定的发展能力。就是说,企业理念的稳定力,是通过全体员工对企业经营宗旨、经营方针和价值观的内化而形成的,并通过自我控制和自我约束来实现。因此,保持企业理念的连续性和稳定性,强化企业理念的认同感和统整力,是增强企业稳定力和技术发展的关键。

(4)辐射功能。企业理念一旦确定并为广大员工所认同,就会辐射到企业整体运行的全过程,从而使企业行为系统和形象表征系统得以优化,提升企业的整体素质。不仅如此,它还会产生巨大的经济效益和社会效益,向更加广泛的社会领域辐射,变成一笔巨大的社会财富。诸如松下精神、IBM精神、三菱精神和健力宝精神等,都不仅属于本企业、本民族,而且也属于全人类。而正是这种企业理念和精神的强大辐射力,才使这些优秀的企业走向全世界,取得举世瞩目的成就和业绩。

【案例解析】

星巴克(STARBUCKS)企业形象策划——MI

■ MI——"大家庭文化"

■ 核心价值观:人文关怀

■ 品牌定位

不是普通的大众,而是一群注重享受、休闲、崇尚知识尊重人本位的富有小资情调的城市白领。

■ 价值主张

"星巴克出售的不是咖啡,而是人们对咖啡的体验。"

■ 企业原则

(1)提供完善的工作环境,并创造相互尊重和相互信任的工作氛围。

(2)秉持多元化是我们企业经营的重要原则。

(3)采用最高标准进行采购烘焙,并提供最新鲜的咖啡。

(4)可以高度热忱满足顾客的需求。

(5)积极贡献社区和环境。

(6)认识到盈利是我们未来成功的基础。

■ 经营哲学

(1)采用高标准进行采购、烘焙,并提供最新鲜的咖啡。

(2)时刻以高度热忱的服务来满足顾客需求。

(3)认识到盈利是他们未来成功的基础。

(4)以服务至上,重视和顾客之间的互动。

(5)提供一个理想的场所,让客人有宾至如归的感受。

■ 企业道德规范

遵循"以人为本"。

■ 顾客体验

Jesper Kunde 在《公司宗教》中指出:"星巴克的成功在于,在消费者需求的中心由产品转向服务,再由服务转向体验的时代,星巴克成功地创立了一种以创造'星巴克体验'为特点的'咖啡宗教'。"如图 4-1-5 所示。

图 4-1-5 星巴克(STARBUCKS)企业形象策划——MI

■ 企业使命

星巴克人认为:他们的产品不单是咖啡,咖啡只是一种载体。而正是通过咖啡这种载体,星巴克把一种独特的格调传送给顾客。

■ 对员工的价值观念

(1)重要的合作伙伴——公司员工。

(2)合作伙伴——种植咖啡的农民。

■ 对供货商的价值观念

(1)正如星巴克副总裁说的那样:"失去一个供应商就像失去我们的员工——我们

花了许多时间和资金培训他们。"

(2)供应商决定咖啡的品质。

■ 对顾客的价值观念

(1)重视沟通。

(2)征求意见。

(3)营造舒适环境,提高顾客满意度,忠诚度。

■ 保证品质。星巴克坚守四大原则

(1)拒绝加盟。星巴克不相信加盟业主会做好品质管理。

(2)拒绝贩售人工调味咖啡豆。星巴克不屑以化学香精来污染顶级咖啡豆。

(3)拒绝进军超市,星巴克不忍将新鲜咖啡豆倒进超市塑胶容器内任其变质走味。

(4)选购最高级咖啡豆。做最完美烘焙的目标永远不变。

4.2 行为识别（BI）——企业之"手"

4.2.1 行为识别（BI）概述

行为识别（Behavior Identity，BI），是指企业思想的行为化。通过企业思想指导下的员工对内对外的各种行为，以及企业的各种生产经营活动，传达企业的管理特色和文化特色。

4.2.2 行为识别（BI）的内容

行为识别的内容分为：对内活动，对外活动，如表4-2-1所示。

表4-2-1　　　　　　　　　行为识别的内容

对内活动	对外活动
组织制度，管理规范，行为规范，干部教育，职工教育，工作环境，生产设备，福利制度，等等	市场调查，公共关系，营销活动，流通对策，产品研发，公益性、文化性活动，等等

4.2.3 行为识别（BI）的优势

与日常的规章制度相比，行为识别侧重于用条款形式来塑造一种能激发企业活动的机制，这种机制应该是自己独特的、具有创造性的，因而也是具有识别性的。如日本本田公司为了鼓励员工提出各种合理化建议，就建立了一种按提出建议的数量与质量给予评分的奖励制度。分数可以累计，分值每到一定程度就可以获得各种奖项，分值达到某个数值还可以由公司出钱出国旅游。

现代企业可以说比过去任何时候都重视人的因素，充分尊重企业内的每一个员工，鼓励员工积极创造而不是单靠规章制度的约束是知识经济时代一大特征。日本大荣百货有一种"人才盘点"规则，每半年盘点一次。适当调整各种岗位，破除等级观念，及时选拔一些更合适的人来担任合适的职务，同时，让各个岗位的人能多一点视角来观察企业的各种岗位。把企业看成一个整体，使上下都懂得了每一个岗位都重要，每一个岗位也都明白其他岗位的难处，提高了协作精神。

在对外交往方面，企业的整体行为是它的立身之本。在日本有一家电器商场，顾客购买了一台吸尘器回家发现是坏的，立即打电话给这家电器商场，不一会儿，商场经理就驱车来了，一进门就恭喜顾客中了奖，并解释说，本店准备了一台不良吸尘器，是专为顾客中奖预备的。同时奖一台优质的吸尘器到顾客的手中，使坏事变成了皆大欢喜的好事。此事广为流传，商场的这一行为反映出这家商场的经营理念，基于为顾客着想，而不是首先想到自己要有麻烦和损失。同时，这一行为所产生的美誉效果，或许任何广告宣传都不一定能达到。

综上所述，行为识别的操作必须有一系列的条款来保证，而展现理念精神、激活内部机制、富有创造性才能保证行为识别的特有价值。

【案例解析】

星巴克（STARBUCKS）企业形象策划——BI

■ 运营模式

星巴克几乎所有的店面都是直营店。由总部进行直接管理，统一领导，目的是为了控制品质标准。

星巴克进军海外市场大部分选择与当地合作伙伴共同经营，但同样也恪守直营的戒律，由星巴克直接管理，保证每家海外商店都是百分之百的美国星巴克血统。

■ 员工制度及待遇

如图 4-2-1 所示。

工作环境：完善、和谐、多元文化。

图 4-2-1　星巴克（STARBUCKS）企业形象策划——BI（1）

薪酬福利：

（1）根据工作职级而不断增长的薪资。

（2）管理奖金计划。

（3）提供卫生、牙科保险以及员工扶助方案、伤残保险。

（4）星巴克相关商品的折扣。

门店员工：

（1）第一个月会得到最少24小时的培训。

（2）管理层培训。

（3）不定时举行特训，在职培训，主题研讨会，以及出国交流学习机会。

总部员工：

总部新员工2星期的实习，门店互动，回总部分享。

■ 超优社会公共关系

星巴克与社区的联系：

（1）捐助当地学校、图书馆。

（2）鼓励员工自愿参加社区活动。星巴克则会根据员工贡献的小时数为社区捐款，按每小时10美元计。

星巴克与种植咖啡产地的联系：

（1）选购环保和认证咖啡，促进环保或提高经济效益。

（2）为咖啡种植者提供技术支持和培训。

（3）投资咖啡生产国社会发展项目。

星巴克与咖啡种植者联系：

（1）帮助咖啡种植者获得利润供养家庭。

（2）通过各种贷款基金为咖啡种植者提供适度的信用贷款。

星巴克与顾客的联系：

在其官方网站征集公益创意。如果可行，顾客的公益创意就能实现。

星巴克的另一些合作伙伴：

保护国际（Conservation International）、国际救助发展组织CARE。

星巴克与中国教育的联系：

与中国宋庆龄基金会合作，启动"星巴克园丁助学金"项目，支持师范院校贫困学生完成学业；捐资460万人民币支持中国妇女发展基金会，开展"水·妇女·健康与发展"项目。

产品创新：

星巴克的创新渠道来源于尖端的咖啡实验室，与有实力开发的企业联盟。创新的原则是保持咖啡豆原有的风味，吸引年轻族群，让消费者更多元地享受咖啡，如图4-2-2所示。

服务创新：

星巴克的服务创新最大闪光点就是"无线上网"。无线上网卡的闪光之处就在于让非高峰时间有更多顾客光顾星巴克，而且高峰期缩短顾客在柜台前排队的感知时间。

图 4-2-2　星巴克（STARBUCKS）企业形象策划——BI（2）

定位创新：

星巴克的定位创新与店面设计密不可分。星巴克店面并不是常见的标准化设计，它的每一个连锁分店都有自己的特色，星巴克强调保持原有建筑的特色，然后才是想办法把自己融进去，这样的设计理念新颖而自然和谐。

听觉体验：

星巴克在音乐的选择上非常注意考虑消费群特征，避免消费者产生厌倦感，它甚至买下一家公司专门出版星巴克的音乐，以及专门负责挑选在星巴克中播放的音乐。

触觉体验：

星巴克会选择符合品牌特征的装饰，比如星巴克的座椅及柜子甚至地板都倾向使用木质材料，让消费者感受到高雅、稳重及温馨的感觉，而星巴克的沙发更是让人爱不释手，坐起来很舒服，如图 4-2-2 所示。

4.3　企业视觉识别（VI）——企业之"脸"

4.3.1　视觉识别（VI）概述

视觉识别（Visual Identity，VI）是指企业识别（或品牌识别）的视觉化。通过企业或品牌的统一化、标准化、美观化的对内对外展示，传递企业或品牌个性（或独特的品牌文化）。

4.3.2 视觉识别（VI）的内容

视觉识别系统内容分为：基础要素，应用要素，如表4-3-1所示。

表4-3-1　　　　　　　　　　视觉识别的内容

基础要素	应用要素
企业名称，品牌名称，标志，标准色，辅助色，辅助图形，等等	办公事物用品，生产设备，建筑环境，产品包装，广告媒体，交通工具，衣着制服，旗帜，招牌，标志牌，橱窗，陈列展示，等等

4.3.3 视觉识别（VI）的基本原则

一般的，视觉识别（VI）是CIS策划的静态识别符号，是企业视觉的传递形式，其设计项目最多，效果最直接。心理科学认为人类接受的信息总和中，由视觉器官获得的占83%，因此，通过VI设计，最能传达公司的理念、宗旨，是树立企业形象，提升企业知名度最有效的、最直接的、最具冲击力的方法。

1. 有效传达企业理念

企业视觉识别系统的各种要素都是向社会公众传达企业理念的重要载体，脱离企业理念的视觉识别设计只是一些没有生命力的视觉符号而已。最有效、最直接地传达企业理念、突出企业个性是企业视觉识别设计的核心原则。西班牙电信巨头Telefónica旗下新品牌"TU"形象设计就十分成功地体现了企业理念，如图4-3-1所示。

图4-3-1　"TU"形象设计

西班牙电信巨头Telefónica旗下新品牌"TU"主要服务于公司推出的一些创新的通信服务产品，是一款跨平台、跨运营商的免费一站式社交通信应用，兼具短信、通话、语音消息、照片分享、地理位置信息等多种功能的通信平台

2. 突出人性化

现代工业设计越来越重视人性设计，以消除现代工业所带来的人性异化。与人产生关系，使人感到被关心，创造出互相信任、彼此融洽的亲和感和人文环境，是企业视觉识别设计应追求的目标。著名的 Apple 标志，在设计上就表现出一个充满人性的动态画面，如图 4-3-2 所示。

图 4-3-2 Apple 视觉形象

3. 实现强力视觉冲击

企业视觉识别设计所要做的是通过设计使社会公众对企业产生鲜明、深刻的印象。因而所设计的视觉形象必须给人以强烈的视觉冲击力和感染力，达到引人注目和有效传播的目的。"The Body Shop"视觉形象标志就是一个成功的典范，如图 4-3-3 所示。

4. 保持风格统一

设计风格的统一性是充分体现企业理念，强化公众视觉的有效手段。强调风格统一并不是要求千篇一律，没有变化，而是一种有变化的统一，是在基本原则不变的前提下的统一。可口可乐公司至今已有 100 多年历史了，在全世界 100 多个国家都建有装瓶厂，但在全世界可口可乐的视觉识别是统一的。

5. 具有艺术表现力

视觉符号识别功能的发挥，与人的情感有着密切的关联。视觉符号是一种视觉艺术，而接收者进行识别的过程同时也是审美过程，因此，企业视觉识别设计必须具有强烈的美学特性。如果企业视觉形象缺乏美感和艺术表现力，就不能唤起接收者的美感冲动，则识

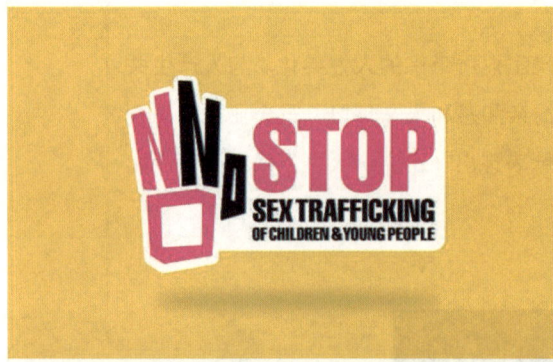

图 4-3-3 "The Body Shop" 视觉形象

别的作用就无从发挥。CX 个人档案网站品牌形象采用鲜亮的颜色与有趣的图形元素，以此吸引人们的眼球。

【案例解析】

星巴克（STARBUCKS）企业形象策划——VI

"星巴克"这个名字来自美国作家麦尔维尔的小说《白鲸》中一位处事极其冷静、极具性格魅力的大副。他的嗜好就是喝咖啡。麦尔维尔在美国和世界文学史上有很高的地位，但麦尔维尔的读者群并不算多，主要是受过良好教育、有较高文化品位的人士，没有一定文化教养的人是不可能去读《白鲸》这部书，更不要说去了解星巴克这个人物了。

从星巴克这一品牌名称上，就可以清晰地明确其目标市场的定位：不是普通的大众，而是一群注重享受、休闲，崇尚知识，尊重人本位的富有小资情调的城市白领。

星巴克的商标有两个版本，第一个版本的棕色的商标是由一幅16世纪斯堪的纳维亚的双尾美人鱼木雕图案而来，美人鱼赤裸乳房，有一条双重鱼尾。后来星巴克被霍华萧兹先生所创立的每日咖啡合并，便换了新的商标。第二版商标沿用了美人鱼图案，但做了些许修改，她没有赤裸乳房，商标颜色改成了代表每日咖啡的绿色。融合了星巴克与每日咖啡特色的商标就诞生了，如图 4-3-4 所示。目前位于美国西雅图派克市场的店铺仍保有第一版商标，其内贩售的商品也多带有这个商标。

图 4-3-4　星巴克（STARBUCKS）企业形象策划 -VI（1）

4.4　企业形象设计结构延展

根据人们对信息接收程度的不同，CIS 理论又延伸到新的识别系统。

1. 环境识别系统（Environment Identity，简称 EI）

办公室一般可根据功能分为前台（logo 墙）、大厅、主办公区、管理人员办公室、会议室、洽谈室、休息室等，可根据企业自身条件和特点，将标志、标准字、标准色应用于装饰中，形成统一有效的环境识别特征。

2. 店面识别系统（Shop Identity，简称 SI）

企业产品或服务对外推销的直接场所，要与企业 VI 系统协调呼应，店内装饰、门头、主色调都应严格延续 VI 系统，这样才能有效地增强了品牌印象，从而推动产品的销售。特别是连锁企业必须有严格的规范，从门头、货架、甚至价签等都必须有明确的规范，这样才能使众多的连锁店形成整体，扩大影响。

3. 听觉识别系统（Audio Identity，简称 AI）

根据人们对信息接受程度的不同，CIS 理论又延伸到新的识别系统——听觉识别系统。听觉识别系统包括以下主要内容：企业音乐定位、企业主题歌、企业音乐、作词、作曲、配器、演唱、演奏、MIDI 制作、企业主题歌推广、学唱、歌唱比赛、广告音乐制作、企业音乐形象视觉化VI制作、广告音乐策划。

4. 数字化企业形象识别系统（Digitized Corporate Identity，简称 DCI）

在信息化时代，企业之间的差别仅仅通过传统的识别来区分已经明显不适合，必须在信息化、网络化上增加新的识别体系，数字化识别系统就是其中一项主要内容。

课后任务

1. 结合案例，思考企业形象设计的结构。

2. 收集、研究案例，分析其企业形象 MI、BI、VI 的不同作用。

3. CIS 系统中理念识别、行为识别和视觉识别之间的关系如何？

延伸阅读

1. 严晨.企业视觉形象设计［M］.沈阳：辽宁美术出版社，2008.
2. 庞黎明，庞博.CIS 设计教程［M］.北京：中国纺织出版社，2006.
3. 艺术中国网——http://www.vartcn.com/Article/pmsj/.

第2篇　策划篇

第 5 章　企业形象设计策划程序

引导案例

富士胶卷策划案例

富士软片公司创立于 1934 年 1 月 20 日，是日本第一家摄影专用软片公司。进入 1970 年，富士公司已不是单纯的感光材料商，而是通过记录传递影像信息的"影像信息业务"综合公司。其企业活动范围不但在日本国内，而且延伸到国外市场，产品输出世界 120 多个国家和地区。

为了在 21 世纪获得更好的发展，努力促使集团内各公司团结，以实现"世界性的富士软片"、"技术的富士软片"的目标，富士公司决定导入 CI。当时富士的标志是红色椭圆型中带有富士软片文字，或日文或英文，均以反白字书写，然而这是到处可见的一般性标志，毫无个性可言。外国人也没有对此标志产生认同感，还发生把磁带误认为软片的现象。另一方面，集团内各公司的徽章、商标自行设计，缺少统一性。这种没有制度性的标志使用方式使富士软片与其他商品混淆，甚至产生毫无关联的感觉。因此富士公司开始重视和研究这些问题，并选择美国朗涛公司为顾问，委托其开发标志和基础设计系统。

1997 年 1 月至 7 月，富士公司在国内外同时进行调查，调查内容包括公司名称、标志、包装设计等项目以及企业形象与产品形象的关联性，结果和决策是：

（1）富士产品表现性格为"富有男性感、强力感、对未来发展更有信心、通用于国际市场、具有高超的技术能力"。因此决定企业理念是"在总合影像信息产业的自觉下继续求发展，目标是成为世界性及技术领先的富士软片公司，并向 21 世纪的未来继续发展。"

（2）为表达企业理念、性格，必须制定 CI 视觉性标志，标志的设计应有如下的概念：

1）合乎国际性大企业的性格。

2）合乎总合映像信息产业的形象感。

3）合乎企业成长的强力和开发感。

1977 年 9 月至 1979 年 4 月经过多次会议，公司作出以下决定：

（1）1979 年 4 月决定 CI 系统和以绿色为基本色调的设计基本方针，并成立 CI 推进小组。

（2）1979 年 12 月完成国内、国外的 CI 手册；特许与商标登录关系；总务与文书关系；宣传与广告关系；包装关系；富士集团关系。

（3）1980年1月21日向公司内外发布CI标志。

（4）1980年2月21日发售新CI及新包装设计后，各类产品的包装、宣传、广告、事务用品类等逐渐更新。

随后，富士公司在日本国内全国销售的各大报纸以全页广告登载了以CI标志为中心的企业形象，共有三次：第一次，1980年8月，标题为"通过更好的信息传达而给予大众更好的生活"；第二次，9月，标题为"丰富的信息传达会产生世界性的笑容"；第三次，10月，标题为"正确的信息传达可维护开朗的社会"。

上述三次广告均将新的标志置于报纸中央，并以红色印刷，引人注目。

1980年10月趁新营业年度的开始，公司发表并开始进行企业目标"Vision（视觉）—50"计划，该计划的内容是：昭和59年（1984年），公司创立50周年之际，订出昭和59年度公司及每一位员工必须实现的目标，推进全公司的活动并向一切困难挑战，以实现名副其实的"世界性的富士软片"、"技术领先的富士公司"，使企业成长并强化其体质。

新CI计划的确立消除了富士软片公司混淆企业形象的现象。同时企业体制的改善和强化工作也在同步进行。富士胶片不断以坚定的步伐向前迈进，至今已成为世界上规模最大的综合性影像、信息、文件处理类产品及服务的制造和供应商之一，如图5-0-1所示。

图5-0-1 富士胶卷策划案例

企业形象设计规划与实施导入是一种循序渐进的计划性作业，整个计划的进行及推展大约可分为下列5个阶段：CIS导入确立；CIS形势调研；CIS企划；CIS设计；CIS实施与维护。

5.1　CIS 导入确立阶段

以公司经营者为中心的筹划委员会，先研究 CIS 计划，慎重讨论企业必须实施 CIS 的动机、了解实施 CIS 的意义和目的，然后再决定 CIS 计划的大概范围、导入时机等问题。

CIS 筹划委员会的成员，一般而言都是从公司内各部门的中级主管中选出，以 5～10 人为最适合。同时，企业还可以请专家来公司演讲，或派人到已经实施 CIS 的企业，听取他人的经验和意见。一旦决定要实施 CIS，就要组织 CIS 委员会，以设计今后计划的预定时间表，并同时决定由哪一家专业 CIS 设计公司负责。一般 CIS 计划的导入时间约需一年半左右，最短也须一年的时间。

5.2　CIS 形势调研阶段

调研分析是企业形象策划的依据，其基本目的就是要为 MI、BI、VI 设计提供依据。调研内容包括企业内部环境和外部环境。

关于企业内部环境的分析，必须先进行意识调查，企业最高负责人必须与各部门主管进行会谈，甚至和员工面谈，再进行企业形象调查、视觉审查等活动，找出公司当前面临的问题，使 CIS 计划中的主题明确化。

企业外部环境的分析，是指对现代社会的分析，如当前市场状况的分析、其他企业的形象分析等相关分析活动，以确实掌握本公司在行业中的地位，并探索、确定公司今后的存在位置。

5.3　CIS 企划阶段

这一阶段要对调查结果作出综合性结论，归纳整理出企业经营上的问题并给予有效的回答，还要对本企业今后的发展思路、经营行为及企业形象构筑方向，提出新的形象总概念，设计出基础设计方向，并根据总概念构筑基本观念系统。

本阶段的任务是提交一个能表达总体策划思想和战略的总概念报告书，提出 CIS 计划和基本策略，理念系统构筑，开展设计的要领，未来管理作业的方向等。

5.4　CIS 设计阶段

这一阶段即将前面总概念报告书设定的基本概念和理念识别概念等转化为行为和视觉表达形式，以具体表达企业概念，并将这些表达形式在企业员工及企业外部公众中进行实验和检测，经过反复修改、调整后确定下来，并在此基础上设计企业 CIS 手册。

视觉识别设计可分为以下三个步骤：

（1）将识别性的抽象概念转换成象征性的视觉要素，并对其不断调查分析，直到设计概念明确化。

（2）创造以实物象征物为核心的设计体系，开发基础设计要素。

（3）以基础设计要素为基础，展开应用设计要素。

视觉识别设计的基础设计要素包括：企业标志、标准字、标准色、象征图形及组合方式等。

视觉识别设计的应用设计要素包括：办公用品系列、环境导示系列、包装系列、服饰配件系列、交通工具系列、媒体广告宣传系列等。

5.5 CIS 实施与维护阶段

这一阶段的重点是将设计规划完成后的识别系统制成规范化、标准化手册和文件，建立 CIS 的推进小组和管理系统。其一般内容有：

（1）选择适当时机对内对外进行 CIS 计划的发表。

（2）推行 CIS 相关的计划与活动。

（3）建立相应机构，监督 CIS 计划的执行，并对导入和推行 CIS 的效果进行测定和评估。

CIS 的确立不是一朝一夕的事，而要长期不懈地维护、发展，以图保持良好形象不致中途瓦解、破坏；需要完善、健全的企业制度和组织领导机构，以保证企业持之以恒地进行自我约束、自我教育。

课后任务

1. 企业形象设计策划程序有哪些步骤？
2. CIS 导入确立阶段需要准备哪些方面的工作？

延伸阅读

1. 汪维丁，余雷. 标志与企业形象设计［M］. 北京：中国水利水电出版社，2011.
2. 赵洁，马旭东. 企业形象设计［M］. 上海：上海人民美术出版社，2012.
3. 设计之家. http://www.sj33.cn/.

第6章 企业形象设计的导入确立

引导案例

美国安泰保险金融集团（Aetna）品牌新形象

美国安泰保险金融集团（Aetna）创立于1853年，这家拥有160年历史的保险金融公司是世界上历史最悠久的健康保险公司之一，该公司在医疗、牙科、药物以及人寿和团体残疾保险利益行业位居前列。

Aetna作为美国财富100强和世界财富500强企业，和世界上出色医疗服务有着密切联系，在美国与超过783000名保健专业人士和机构建立了联系并签订协议；在全球，与800多家直接结算医院和医疗机构建立了联系，其中包括100多家亚洲医院和医疗机构。

随着企业不断发展壮大，Aetna公司为了实现"从一家保险公司向一家健康方案公司"转变目标的推进，其中一步就是建立更为贴近客户的品牌形象。安泰保险宣布启用新的企业标志设计，标志设计由总部位于纽约的知名设计公司Siegel+Gale完成。

新标志设计变成全小写字母，凸显名称"aetna"的平衡。值得注意的是，"Aetna"的标志设计150多年以来都是把两个首字母"A"和"E"连接起来的，直到2001年版的标志设计，"A"和"E"才分开，这次启用的新标志设计，小写的"a"和"e"重新连接起来，这个寓意与消费者的"连接"也将是安泰保险品牌形象的重要符号，如图6-0-1、图6-0-2所示。

图 6-0-1 美国安泰保险金融集团品牌新形象（1）

图 6-0-2 美国安泰保险金融集团品牌新形象（2）

6.1 CIS 导入动机的确认

企业导入 CIS 的动机是多种多样的，它不仅与企业内部的经营管理状况有关，同时也与国内外社会经济发展的环境相联系，如图 6-1-1 所示。

6.1.1 企业固有形象存在缺憾

企业在品牌建设初期对形象塑造的意义及作用认识不足，草率为之，所构建的形象存在诸多缺憾，在实际执行中传播效力很弱，并未真正发挥效能。存在这样历史遗留问题的企业并不在少数，企业需要找到问题根源，修正错误、重塑品牌形象。

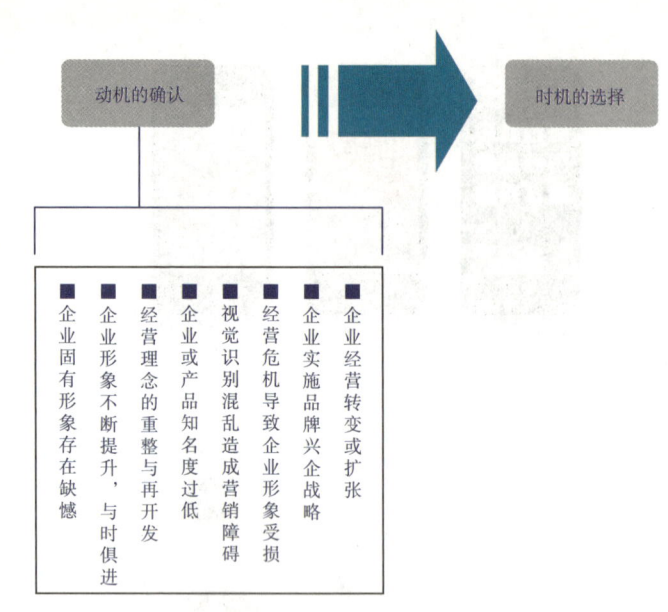

图 6-1-1 企业导入 CIS 的动机

动机的确认：
- 企业固有形象存在缺憾
- 企业形象不断提升，与时俱进
- 经营理念的重整与再开发
- 企业或产品知名度过低
- 视觉识别混乱造成营销障碍
- 经营危机导致企业形象受损
- 企业实施品牌兴企战略
- 企业经营转变或扩张

时机的选择

6.1.2 企业形象不断提升，与时俱进

随着时间的推移、企业的发展，原品牌形象陈旧、落伍的问题逐渐显现，企业形象的吸引力在减弱，消费者印象分值降低，企业形象由原先强劲的助推力演变成阻碍力，因此，现代企业应当不断完善自身形象，与时俱进，确保其美观度与时代性。例如 Kinley 品牌的提升，能更好地贴切时代的发展，推广品牌效应，如图 6-1-2 所示。

图 6-1-2 Kinley 标志提升

Kinley 是可口可乐公司在印度产的矿泉水品牌，2011 年品牌形象全面升级。单从核心标志来说，Kinley 的新标志比旧标志更时尚，视觉冲击力更强，在实际执行中传播效力高，能更好地发挥品牌推广效应

【案例解析】

澳大利亚青年管弦乐团品牌提升

澳大利亚青年管弦乐团（Australian Youth Orchestra）是世界上最具知名和创新的青年古典音乐家培训机构之一，享有极高的国际声誉。该乐团不断完善自身形象，确保其美观度与时代性，启用全新形象。新logo用澳大利亚青年管弦乐团英文首写字母"AYO"组成的音乐线谱，有趣的是这些围绕成文字的线谱可以跟着音乐的节奏来变化，如图6-1-3所示。

图6-1-3 澳大利亚青年管弦乐团品牌提升

标志提升方法包括：

（1）化繁为简，将原来旧标志中较多的元素，以最简化的形式表达，并让主次更加突出。

（2）文字图像化，属性特征化，将简化后的文字，以最符合品牌属性的方式表现出来。

6.1.3 经营理念的重整与再开发

企业陈旧的观念和形象无法适应飞速发展的时代时，必须调整企业精神和经营理念。企业也应随着经营理念的重整与再开发而提升品牌形象，但新形象又是原有形象的延伸和递进，在保持原有品牌效应时，又使社会觉察到企业变化和进取的新思路。

6.1.4 企业或产品知名度过低

受众对企业与产品的认识有限，品牌的知名度、美誉度低，企业产品的竞争乏力，甚至威胁到企业的生存与发展，通过重新打造CIS，转变局面，脱离劣势。

6.1.5 视觉识别混乱造成营销障碍

品牌建设是个长期的工程，良好的形象塑造需要一丝不苟的形象维护。原本良好的形象，若疏于管理与监控，所谓的CIS只是形同虚设，实际执行时产生出多样不一的错误做法，会最终导致形象混乱、繁杂的局面，摧毁品牌形象。

6.1.6 经营危机导致企业形象受损

企业在生产经营过程中,难免有来自企业内部或外部的各种意外事故,诸如消费者投诉、劳资纠纷、媒体恶炒。灾难一旦发生,不但给企业造成经济损失,更严重的是无形资产的损失。企业商誉受损时,通过重新导入 CIS,修复受损形象,以崭新的面貌出现于公众面前,可以快速消除负面影响,让消费者对品牌重树信心。

6.1.7 企业实施品牌兴企战略

当一家企业的产品拥有了品牌之后,并不意味着企业具有绝对的竞争优势。现代商战,只有强势品牌(名牌)才最具攻击力。打造强势品牌要以大量资金推动,当企业具备实力以后,要进一步强化品牌的塑造与推广,构建出具有绝对优势的名牌来。哥伦比亚的连锁超市在 1905 年成立以来,不断完善、提升标志形象,强化品牌的塑造与推广以继续保持在行业竞争中的绝对优势,如图 6-1-4、图 6-1-5 所示。

6.1.8 企业经营转变或扩张

变更企业名称,扩大经营范围,实现多元化经营;转变企业经营方针,重整企业理念,适应"二次创业"需求;与国际市场接轨的形象识别系统,适应国际竞争需要,这些发生在企业经营战略上的转变,必然使得原企业 CIS 出现无法适应新发展战略的情

图 6-1-4 哥伦比亚的连锁超市 Carulla 形象(1)

图 6-1-5　哥伦比亚的连锁超市 Carulla 形象（2）

哥伦比亚连锁超市 Carulla 成立于 1905 年，在哥伦比亚有 76 个办事处和 6000 名员工。作为一家百年连锁超市，Carulla 必须不断完善、提升标志形象，强化品牌的塑造与推广以继续保持在行业竞争中的绝对优势。它的商标以双"l"成为焦点唤起一个微笑，体现友好和美食的风格，椭圆形沿用了之前的 logo 形象，使人们看到了源自 1905 年品牌的影子，同时感受到这个百年老店依然充满活力

况，而需要重新树立企业形象。例如著名网站"Twitter"和博士伦公司是典型的案例，如图 6-1-6、图 6-1-7 所示。

旧　　　新

图 6-1-6　传递成熟和自豪的视觉信息

著名网站"Twitter"将原标志中的"twitter"字样去除，简化提升了蓝色小鸟"Larry"。对于新形象 Twitter 表示无需再用文字来描述，这只小鸟就是"Twitter"。新标志不再像之前雏鸟的形象，体现成熟、自信与自豪，如同今日的"Twitter"地位

旧：

新：

图 6-1-7　博士伦标志提升

博士伦眼部健康公司，1853 年开始于纽约州罗彻斯特市的一个小眼镜店，现已成为一间数十亿美元与 13000 名员工的大型公司。他们提供：视力保健、制药及白内障玻璃体视网膜手术（提供人工晶体和手术器械和设备）三大类产品和服务。
博士伦全球眼保健公司宣布推出新设计的公司标志和图标，以更好地支持在 100 多个国家广泛的产品。新标志保持公司传统蓝色和绿色色调，同时引进加号（+）符号来代表该组织的坚定承诺、创新，和作为一个眼睛健康从业者的伙伴关系

6.2　CIS 导入的时机选择

动机的确认 ➡ 时机的选择

新公司成立，合并成企业集团
企业扩大经营范围，朝多元化方向发展
创业周年纪念
企业变更名称
新产品的开发与上市
开拓国际市场，实施国际化经营
经营环境变化
经营出现危机，要消除负面影响

图 6-2-1　企业导入 CIS 的时机选择

6.2.1　新公司成立，合并成企业集团

新公司成立之际，由于没有传统的束缚，可以设立理想的经营理念与视觉识别系统，同时可从头开始并较快建立起行为识别系统，因此新公司成立时是导入 CIS 的最佳时机。通过实施企业形象策划战略，以独特、系统的识别系统将企业形象传达给公众，可收到先声夺人的效果。美国保险和金融服务公司宣布更名为"Kemper Corporation"后，抓住时机提升品牌形象，起到事半功倍的效果，如图 6-2-2 所示。

图 6-2-2 美国保险和金融服务公司新标志
美国保险和金融服务公司宣布更名为"Kemper Corporation","Kemper"这个名字来自于它的保险业务部门"Kemper insurance"。Unitrin 公司在 2002 年收购了 Kemper 的个人保险和伤亡保险业务，然后从拉姆伯曼斯相互保险公司购得使用"Kemper"品牌名称的权利。Kemper Corporation 的新标志由知名品牌咨询机构 Lippincott 设计。Logo 图形部分由两个重叠的三角形构成 The Kemper 的"K"，代表 Kemper 的服务质量值得信赖并且适应客户的需求。采用金色则反映 Kemper 品牌和销售队伍的热情和亲近

企业合并、联营、集团化以后，从经营的范围、规模以及项目均较以前的老企业有所不同，特别是几家公司合并成企业集团后，企业理念、标志不统一，给公众造成识别的障碍。在此时导入 CIS，可廓清公众对企业的模糊印象，进而达到树立全新形象的目的。

6.2.2 企业扩大经营范围，朝多元化方向发展

随着时代的变迁，企业本身也不断成长、变化，朝多元化的经营目标迈进。由于企业经营内容多元化，企业生产的主要商品比重发生变化，往往使得原有的企业标志、名称、经营理念等发生与生产性质、内容不符的情况。因此，导入 CIS，改变公众对公司的原有理解和印象，建立符合企业实际情况和未来发展趋势的形象识别系统，才能统一新开发产品与企业的关系。

【案例解析】

辉瑞制药（Pfizer）品牌提升

辉瑞（Pfizer）公司是一家拥有 150 多年历史的以研发为基础的跨国制药公司。辉

瑞公司包括三个业务领域：医药保健、动物保健以及消费者保健品。公司的创新产品行销全球150多个国家和地区。

辉瑞公司与18年前已经不同，它通过大量收购，进入到新的治疗领域和医药事业发展。

目前辉瑞公司推出了新的网站，并提升了它的椭圆形标志。新标志保留了旧标志大部分的特征，但用了更明亮的颜色，字体平易近人；倾斜椭圆图形标志着积极变化和前进的动力，暗示人们对辉瑞重新看待，因为它已不是1991年时的那家公司。

除了更新的标志，公司新的视觉系统还有助于表明这种转变。新的虚线显示的字体、插图的风格、明亮多彩的设计，展现出活力和新生气息，体现出辉瑞公司要更好地推进世界各地人民健康的愿望，如图6-2-3所示。

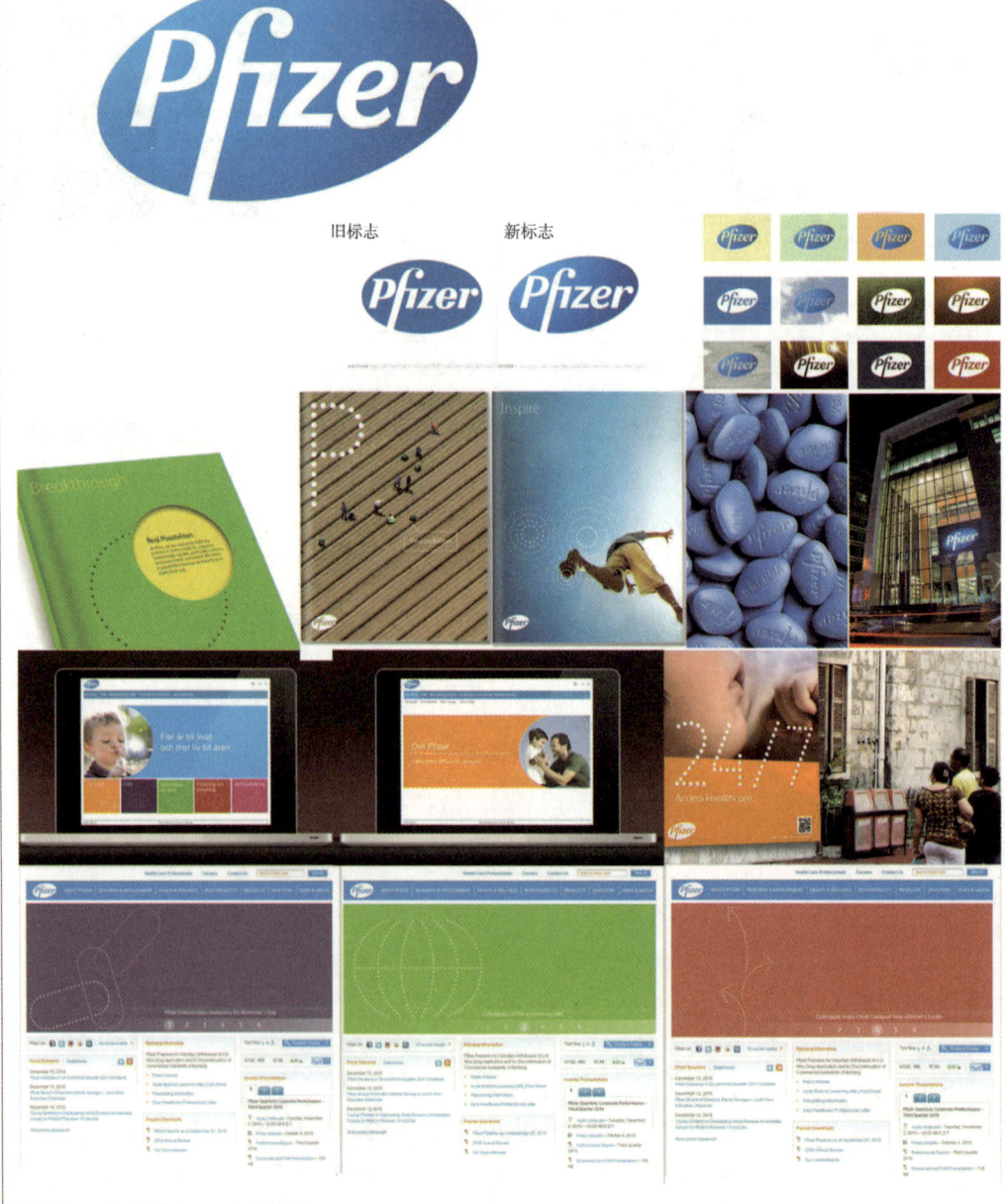

图6-2-3　辉瑞制药（Pfizer）品牌提升

6.2.3 创业周年纪念

国外许多企业都在创业周年纪念时导入 CIS，创业周年纪念是对企业成长的一种肯定，也是企业具有自信心的表现。选择创业周年纪念导入 CIS，可能有不同的动机。如富士公司 1979 年在创业 45 周年时，实施了 CIS 战略，旨在适应技术革新的潮流，将企业形象统一为"综合影像信息的产业"，并面向 21 世纪，实现"世界性的富士软片"、"技术的富士软片"的企业目标。不论企业出于何种动机，在企业周年发布 CIS 计划，可消除公众对企业的刻板印象，给人以新颖别致之感，同时可唤起人们对企业所作贡献的美好回忆，显示公司目前的实力与发展前景，提高企业员工的自豪感和荣誉感。企业在创业周年纪念时一般会推出各种庆典活动，此时导入 CIS 战略更易引起媒介和公众的关注，从而扩大企业的社会影响和知名度。

6.2.4 企业变更名称

随着企业的发展，经营范围的扩张、产业的不断延伸、企业法人的变更等因素都可能导致企业名称的变更，企业理念也随之发生转变。这时导入 CIS 重新诠释品牌的新内涵，让受众认知，了解到企业更名后的重新定位。佳能公司的品牌形象就是在变更名称时确定下来，如图 6-2-4 所示。

图 6-2-4 佳能标志设计演变

佳能始创于 1933 年，专攻精准光学设备，他们的目标是"制造世界上最好的照相机"。在更名为 Canon 以前，公司的名字叫做 Kwanon，佳能最早的一批测试机型都是以之命名的。Kwanon 一词来源于佛教中的慈悲之神。不知为何，慈悲与创造世界上最好相机联系了起来，而且完美地组合着。最早的佳能标志将他描绘成千手观音的样子。很快，1934 年他们就将标志改成一个更为简单有效的字标，虽然要比插画好得多，但并没有公之于众，只是在生产测试中使用。1935 年，Kwanon 改名为 Canon，并且重新设计了标志。这个 logo 是对其未来标志设计重要的里程碑。Canon 具有"圣洁经文"和"准确判断"的含义，它有效地表达了佳能的品牌精神——专注于设定高新技术。1953 年再一次更新标志，字体被加粗，更具存在感。
Canon 标志现在的版本设计于 1956 年，结合了 1935 版 logo 和 1953 版 logo 设计，其中的细节被大大增强

6.2.5 新产品的开发与上市

企业推出新产品，新产品上市代表着企业经营不断创新的具体成果，这时最容易使消费者接受新形象、新观念，所以在新产品上市时导入 CIS 战略，是树立品牌和企业形象的最佳时机。

6.2.6 开拓国际市场，实施国际化经营

不少企业在不断发展壮大的过程中，逐步开拓国际市场，向国际化企业发展。企业原来主要针对国内市场的识别系统，往往不能适应国际市场经营的需要，这就要求更新 CIS 系统，使名称、标志和标准字体能通用于国际市场而发挥作用。李宁公司于 2010 年实施品牌重塑战略，以更动感、更具活力的面貌向国际市场进军。

【案例解析】

李宁品牌重塑战略

李宁公司成立于1990年,公司采取多品牌业务发展策略,除有核心品牌李宁品牌(LI-NING),还拥有乐途品牌(LOTTO)、艾高品牌(AIGLE)、新动品牌(Z-DO)。此外,李宁公司控股上海红双喜、全资收购凯胜体育。

原品牌标志从成立至2009年已使用了19年,在消费群里有很好的基础;李宁品牌新标志不但传承了经典LN的视觉资产,还抽象了李宁原创的"李宁交叉"动作,又以"人"字形来诠释运动价值观。新的标志(图6-2-5)线条更利落,廓形更硬朗,更富动感和力量感,鼓励每个人透过运动表达自我、实现自我。

旧标志　　　　　　　　　　　新标志

图6-2-5　李宁品牌重塑战略(1)

李宁品牌新口号"Make The Change",源于全新的品牌宣言,体现了从敢想到敢为的进化,鼓励每个人敢于求变、勇于突破,是对新一代创造者发出的呼告号召。

李宁公司宣称"90后这代人他们更具有国际视野,更热爱创新,更讲究品质,对运动也有着更新的定义。如果我们想获得他们的认同,我们就要变得更敏锐、更新鲜、更具活力、更富个性,李宁品牌与所有年轻人一样渴望自我表达与自我实现,我们用新的语言和他们进行对话。大家会越来越觉得,李宁品牌正在变成一个聪明、幽默、率真、充满好奇心和创造力的年轻人!"如图6-2-6所示。

图6-2-6　李宁品牌重塑战略(2)

这一次李宁品牌视觉更新的背后，李宁公司还进行了深入的组织性重塑，包括运动品类规划、生意区域划分、产品研发设计等，均进行了系统性升级，并借品牌重塑的契机，推出更富特色的新产品系列。

洽洽食品全新品牌形象

2010 年，洽洽食品股份有限公司委托全球著名华人设计师陈幼坚设计公司设计洽洽品牌标志和洽洽品牌旗下系列产品包装。

"洽洽"新标志和新包装保留了原有的中国红和牛皮纸包装，在传承经典的同时对洽洽品牌字体和标志进行了大胆的创新设计，字体由原来中国字"洽"到英文首字母"C"的演变，整体造型有波浪的态势，酷似一个活泼的孩子，使品牌形象更时尚、更快乐。新标志造型一方面以手的造型描绘着吃休闲食品的轻松状态；也可联想为一个充满活力和阳光健康的吉祥物；还有以嘴巴代表品尝食品的味觉享受和分享美食的快乐气氛，传递"快乐的味道"。此外，洽洽新标志还以洽洽英文名称 ChaCha 的字首 C 字造型，加强设计的包容性，塑造国际化的品牌形象，也彰显洽洽品牌走向国际化的决心，如图 6-2-7 所示。

图 6-2-7　洽洽食品全新品牌形象

6.2.7　经营环境变化

虽然有的企业业务性质没有变，但周围的社会环境在不断发生变化，创业时的企业形象过了数年或数十年之后，确实落后于时代，显得陈旧、落伍，远离现代社会的要求。企业需要将自己表达为一个完整而和谐的实体，需要自身内部和企业外部的所有成员在看待企业时有一个清晰的定位，如图 6-2-8 所示。

6.2.8 经营出现危机，要消除负面影响

企业面临经营不善的危机及停滞不前时，除了进行彻底的改组外，还可导入 CIS 战略，以提高企业活力和竞争力，消除在公众中的消极影响。日本的松屋百货公司、意大利的蒙特爱迪生公司等都是在企业发生经营危机时导入 CIS 的。

6.3 CIS 导入发起人

最初的倡导者确定 CIS 导入的动机与目的，一般有三种人或机构可以成为 CIS 导入的发起人：企业高级管理人员；公司的广告公关部门、销售部门、宣传设计部门；专业公司。发起人由于在 CIS 导入中所处位置和作用的不同，可分为倡议人和建议人，其分别发布倡议书和提交建议书。

6.3.1 倡议人和倡议书

CIS 的导入应该由上而下进行推动，董事长或总经理一类的企业高级管理人员是最佳的倡议人。作为企业高级管理人员，应自觉意识到公司何时应导入 CIS，并适时提出导入 CIS 的倡议。

如果董事长或总经理提出 CIS 倡议，并已获董事会或企业其他领导人的赞同，那么此时应考虑发布 CIS 倡议书。CIS 倡议书的一般写法为：

（1）标题。其可以简单写为"倡议书"。
（2）预期接受并响应倡议的对象，如 ×× 公司全体员工。
（3）正文。主要包括 CIS 的简要介绍，导入 CIS 的目的与意义，以及对大家响应 CIS 活动的期望。
（4）结尾。表达倡议人的决心与希望。
（5）署名与日期。

CIS 倡议书发布的时机比较灵活，可以在高层管理者达成一致时发布，亦可在正式提案完成后，调研工作结束后，企划设计进行或实施管理作业前发布。倡议书发布的目的在于发动全体员工参与 CIS 活动，可根据情况把握时机。

6.3.2 建议人与建议书

建议人是指向企业提出导入 CIS 建议的部门或机构。公司的广告公关部门、销售部门、宣传设计部门，有责任向企业高层领导提出导入 CIS 的建议；专业公司，诸如 CIS 设计策划公司、广告

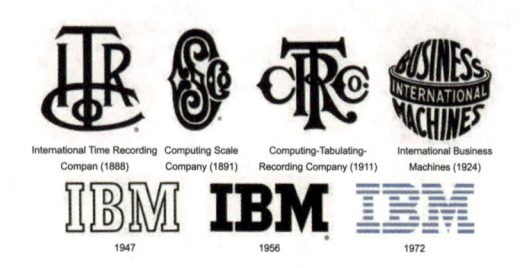

图 6-2-8 日本航空、苹果、诺基亚、IBM、摩托罗拉、百事可乐等公司品牌提升

公关公司、投资企管顾问公司，也都可以向相关企业介绍、推荐 CIS 系统。

建议书是指下属部门或专业公司提出 CIS 动议的书面报告，应呈送给董事长、总经理等企业高层负责人。这种最初的建议书要求简单明了，分析要切实有据，建议要有分寸。CIS 建议书由以下 5 部分构成：

（1）标题。可写作 ××CIS 建议书。

（2）接受建议书的企业或企业领导，格式类同书信的抬头。

（3）正文。一般包括以下 3 部分内容的陈述，并在最后表述导入 CIS 的愿望。

1）一般性概述 CIS 的内容和导入 CIS 的意义。

2）简要列举本公司目前导入 CIS 的理由与必要性。

3）CIS 在公司整体经营计划中的位置与导入 CIS 的目的与可能的目标。

（4）结语。即表示敬意或视颂的礼节用语。

（5）署名和日期。

CIS 倡议确认后，接下来的任务就是落实负责人员、组建 CIS 导入机构。

6.4　CIS 导入机构

CIS 导入机构需要一定的人员构成，需要遵循一定的原则，有自己的组成方式，等等。

6.4.1　CIS 导入机构及其人员构成

CIS 的导入是项复杂长期的工作，需要企业高级管理人员的支持，各部门负责人与职员的积极配合以及专业公司的协作，同时要有充足的经费来保证前期调研、企划和实施的顺利进行，CIS 的导入工作需落实到具体的机构和个人。

企业应根据情况组建一个委员会性质的 CIS 导入机构，CIS 委员会由特定的个人或单位来担任，最好由以下人员组成。

（1）企业内部人员，最好有企业主管与部门负责人。

（2）企业外的 CIS 问题专家。

（3）专业公司的人员。

6.4.2　CIS 导入机构的组成方式

CIS 委员会的组成方式一般可分为计划团体型和部门负责型两种。

（1）计划团体型。由各部门派出代表来组成，人数因企业大小而定，一般为 10～15 人。大部分委员属于兼任性质，只有少数人属于专职，大公司往往需要专职的计划团体。

（2）部门负责型。由总务、宣传、公关、企业文化等部门负责 CIS 的作业推进，以前多由宣传广告部门负责，现在有些企业设置专门的部门来推行 CIS 作业。

6.4.3　CIS 导入机构的职责

CIS 委员会负责从导入到实施的全过程工作，其职责大体有以下 10 个方面：

（1）确认 CIS 系统。关于导入 CIS 的方针和各项计划，都应加以立案存档。

（2）根据 CIS 的导入方针和系统内容，策划前期调查事项，并对调查作业情况进行管理，同时举办企业内部员工有关 CIS 教育活动。

（3）参考调查结果设立 CIS 概念，将立案后的活动计划呈送企业最高负责人审批。

（4）按照上级主管单位批准的概念和计划，制作配合理念表现和识别系统的具体企划策略。

（5）按照被批准的识别系统计划，制作新识别设计开发要领为开发新识别系统而采取适当行动。有些具体操作内容可由专门公司进行设计开发，委员会负责管理设计开发过程。

（6）审议设计所表现的具体内容，将意见结果呈示企业最高负责人，得到批准后，此设计才算正式通过。

（7）对公司内外发布开发 CIS 的结果。

（8）在企业内部贯彻实施 CIS。

（9）整理结论，确认以后的活动计划和管理结构。

（10）及时对实施中出现的问题进行总结，为以后改进和实施新的 CIS 战略做准备。

课后任务

1. CIS 导入的动机有哪些方面？
2. 适宜导入 CIS 的时机有哪些方面？
3. 请列举典型的企业形象设计导入案例。
4. 列举市场中企业形象识别混乱的案例，并提出解决方案。

延伸阅读

1. 刘英，徐阳．CIS 企业形象设计［M］．武汉：湖北美术出版社，2011．
2. 过宏雷．企业与品牌形象设计［M］．2 版．北京：中国建筑工业出版社，2009．

第7章 企业形象设计调研

引导案例

"小天才宝贝"品牌调研及策划

小天才是步步高旗下一个全新的宝贝电脑品牌,小天才专注于中国儿童市场,将优秀的儿童教育理念与现代科技进行创新应用,提供符合现代儿童需求的寓教于乐产品。全面创新,塑造小天才的全新形象,是企业发展战略中的一项重要工作,步步高与正邦品牌策划机构建立了合作关系,希望正邦能够为其旗下小天才品牌量身打造一套属于自己的品牌形象及视觉识别系统(VIS),如图7-0-1、图7-0-2所示。

图7-0-1 "小天才宝贝"品牌设计——正邦品牌策划与设计(1)

正邦品牌策划机构为步步高集团服务了品牌战略咨询,进行了深入的市场调研及分析,再经过长时间的创意及多次的修改,全新的小天才品牌形象诞生了。

扬起的嘴角、微笑的面庞——"小天才"就是这样。

橙色——富有诗意的收获,蕴含着成长的希望;橙色是欢快活泼的光辉色彩,是暖色系中最温暖的色调;橙色代表健康、兴奋、温暖、欢乐等积极美好的概念;妈妈眼中的橙色是充满着收获的希望,以及对孩子美好未来的向往;宝宝眼中的橙色是智慧中充满快乐的微笑,每一天都茁壮成长。

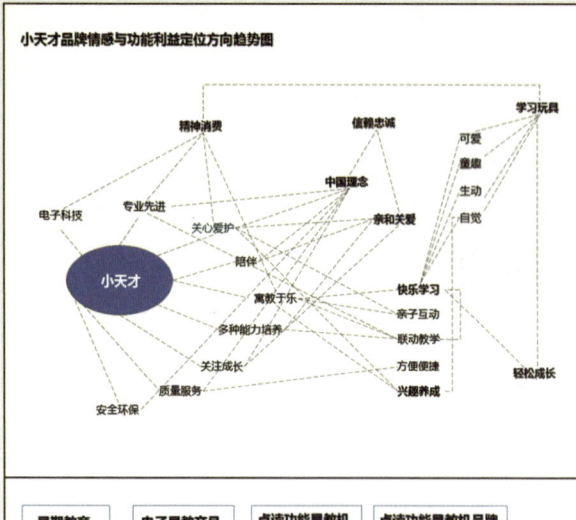

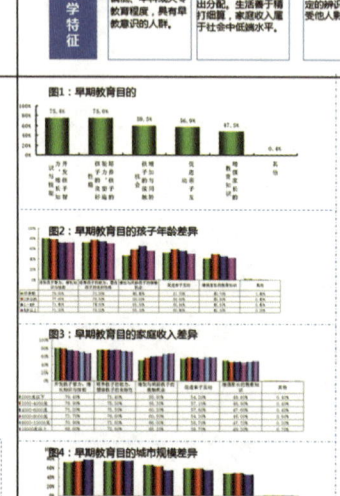

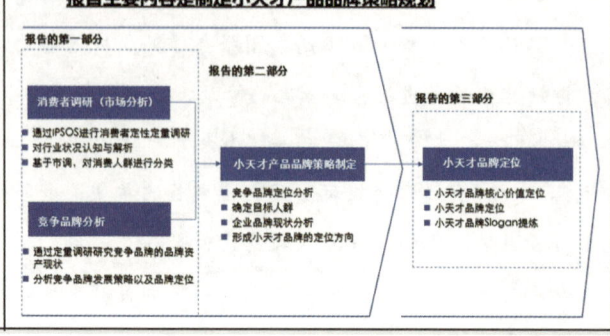

图 7-0-2 "小天才宝贝"市场调研——正邦品牌策划与设计（2）

7.1 调查对象的确定

7.1.1 企业内部对象

企业内部对象包括企业领导、股东、企业员工、员工家属。内部调查一定要直接与企业的最高决策层接触,应以相互信赖和共同发现问题为基础,对企业的各方面现状和未来营运方向等问题进行深入讨论,以作为开发设计的正确导向。

7.1.2 企业外部对象

企业外部对象包括普通消费者、金融机构、税务部门、保险公司、运输公司、新闻机构、竞争对手、批发商、学生、公司主管、政府部门、社区居民及其他与企业的存在有关系者等。

7.2 调查步骤

调查步骤如图 7-2-1 所示。

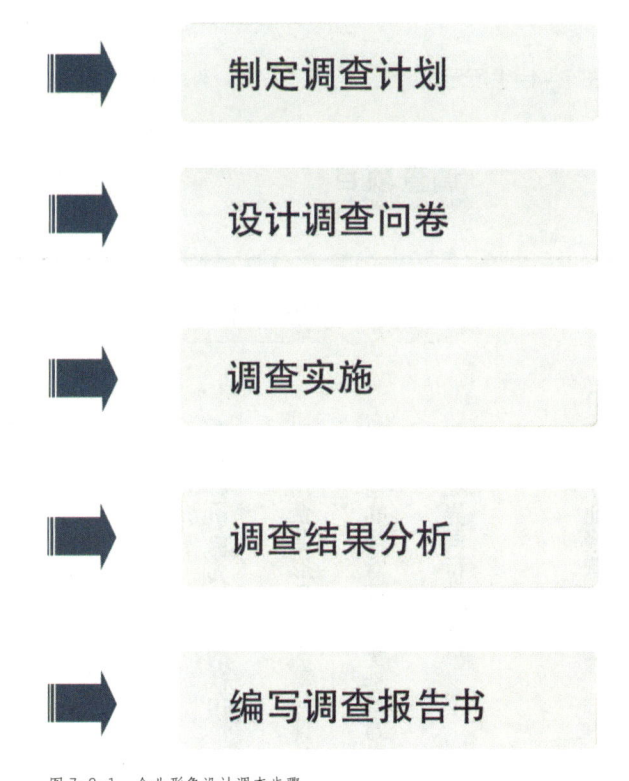

➡ 制定调查计划

➡ 设计调查问卷

➡ 调查实施

➡ 调查结果分析

➡ 编写调查报告书

图 7-2-1 企业形象设计调查步骤

7.3 调查方法

调查方法如图 7-3-1 所示。

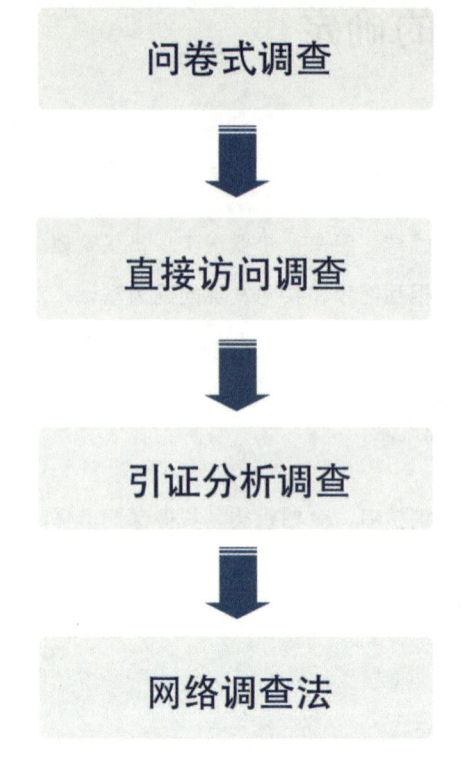

```
问卷式调查
   ↓
直接访问调查
   ↓
引证分析调查
   ↓
网络调查法
```

图 7-3-1　企业形象设计调查方法

7.4　调查项目

调查项目如图 7-4-1 所示。

```
                        调查项目
    ┌─────────┬──────────┬──────────┬─────────┐
  文献调查   决策层调查   员工意识调查   企业形象调查
```

- 文献调查
  - 公司文献
  - 其他文献
- 决策层调查
  - 有关决策层分工负责的问题
  - 有关企业历史的评价问题
  - 有关企业识别系统的问题
  - 有关企业活动的问题
  - 有关企业经营的问题
- 员工意识调查
  - 对企业界同行的评价
  - 对公司的经营理念和经营方针的理解与评价
  - 对公司企业形象的了解与评价
  - 有关 CIS 导入活动的认识
  - 有关工作环境方面的问题
- 企业形象调查
  - 企业知名度
  - 企业美誉度
  - 企业形象定位

图 7-4-1　企业形象设计调查项目

7.4.1 文献调查

文献调查作用：

（1）了解企业的历史和现状。

（2）了解企业在行业中的竞争地位。

7.4.2 决策层调查

决策层调查作用：

（1）了解决策层成员对企业发展的设想。

（2）了解决策层成员对企业理念的理解。

（3）通过调查，使决策层每个成员加深对导入 CIS 活动的认识，从而引起他们对该活动的重视和责任感。

1. 有关决策层分工负责的问题

（1）迄今为止，你分工负责哪些公司。

（2）从 CIS 的观点来看，目前所负责的工作存在哪些问题。

（3）对目前所分工负责的工作发展有何设想。

（4）从自己所负责的工作出发，对导入 CIS 有何期望。

2. 有关企业历史的评价问题

（1）回顾公司的发展历史，发生过哪些印象深刻的事情。

（2）回顾公司的发展历史，有哪些主要的方面应当进行革新。

（3）公司是否形成了自己的"厂风"，如果是的话，是否存在问题。

（4）公司是否形成了自己的"形象"，如果是的话，是否还存在问题。

（5）在公司的发展历史上，有哪些可以向员工叙述的故事。

（6）在公司的发展历史上，有没有出现象征公司形象的人物、商品、服务或重要事件。

3. 有关企业识别系统的问题

（1）你对目前社会上流行的企业识别策划活动有哪些看法。

（2）你认为根据公司的现状，导入 CIS 应当解决哪些问题。

（3）你认为在导入 CIS 的过程中，应当保持和继承哪些东西。

（4）你认为怎样做，才能使这次导入 CIS 的活动取得成功。

4. 有关企业活动的问题

（1）你认为代表公司的商品或服务是什么。

（2）你认为公司的业务是什么，请用一句话概括。

（3）公司在经营领域中有哪些主要竞争对手。

（4）为了在竞争中取得优势地位，你认为应当怎样做。

（5）公司是否应该继续在原业务领域中发展。

（6）你认为新的业务领域应该是什么。

（7）你认为公司的经营业务有什么社会意义，公司的存在具有什么社会价值。

（8）你认为理想的企业活动应该怎样，目前的现状与理想之间是否存在差距。

（9）要实现理想的企业活动，你对员工有哪些希望。

5. 有关企业经营的问题

（1）从历史和现状来看，公司的个性与特点是什么。

（2）以后应当保持的优势或者应当发扬的精神是什么。

（3）以后的经营环境会有哪些变化，理由是什么。

（4）从经营环境变化的趋势来看，公司目前存在哪些问题。

（5）请对公司5年后和10年后的发展设想分别加以描述。

7.4.3　员工意识的调查

激发员工进行广泛参与，了解他们对于企业发展的设想和建议。

1. 对企业界同行的评价

（1）对同行主要公司发展动向的评价。

（2）对公司与竞争对手的发展动向的比较评价。

（3）对与公司相关的市场竞争的现状与未来前景的评价。

2. 对公司的企业理念和经营方针的理解与评价

（1）公司的优势表现在哪里，强项是什么。

（2）公司应当重视、强化的经营领域是什么。

（3）公司的经营理念需要做哪些修改。

3. 对公司企业形象的了解与评价

（1）对公司知名度的推测与评价。

（2）对公司形象的推测与评价。

（3）对公司在同行中地位的评价。

（4）公司理想的形象应该是什么。

（5）公司应当强化的企业形象要素是什么。

4. 有关 CIS 导入活动的认识

（1）你对公司现有的 CIS 系统的看法及存在的主要问题。

（2）你理解的 CIS 系统是什么。

（3）你对导入 CIS 系统有什么期望。

（4）你认为怎样进行 CIS 导入活动才能取得成功。

5. 有关工作环境方面的问题

（1）对公司工作环境的评价。

（2）对公司人际关系的评价。

（3）对公司企业风气的评价。

（4）对公司企业文化的评价。

7.4.4　企业形象调查练习

企业形象调查练习应包括如图7-4-2所示的几个方面。

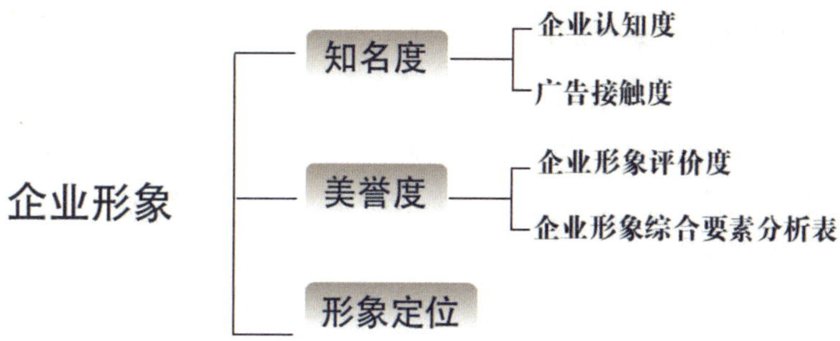

```
企业形象 ─┬─ 知名度 ─┬─ 企业认知度
         │         └─ 广告接触度
         ├─ 美誉度 ─┬─ 企业形象评价度
         │         └─ 企业形象综合要素分析表
         └─ 形象定位
```

图 7-4-2 企业形象调查练习包括的内容

【案例解析】

某企业品牌建设调查问卷

一、企业基本情况

因_____公司的企业品牌与产品品牌存在不一致的情况，下面分为企业品牌与产品品牌两项调查：

1. 企业品牌

企业品牌名称	
注册情况	□国内注册　□国外注册　□未注册
品牌归属	□全部归属本企业　□全部归属国内别的企业 □全部归属外方　□中方与外方共同拥有
企业品牌主体广告语	
企业品牌形象（请用简短的话描述）	
对企业品牌形象的自我评价	□特色鲜明　□有特色但不够鲜明　□特色不明显
获奖情况	□中国名牌　□中国驰名商标　□台州市名牌　□台州市著名商标 □其他（请注明）
2012年产品销售收入	产品销售收入_____万元　其中：出口收入_____万元
主要销售市场	国内销售比例_____%　国外销售比例_____%
国内主要竞争企业	
企业在国内位次	第_____位
国际主要竞争企业	

2. 产品品牌

产品品牌名称	
注册情况	□国内注册　□国外注册　□未注册
产品品牌主体广告语	
产品品牌形象（请用简短的话描述）	
对产品品牌形象的自我评价	□特色鲜明　□有特色但不够鲜明　□特色不明显
获奖情况	□中国名牌　□中国驰名商标　□省著名商标　□市著名商标 □其他（请注明）
2012年该产品品牌产品销售收入	产品销售收入_____万元　其中：出口收入_____万元
主要销售市场	国内销售比例_____%　国外销售比例_____%
国内主要竞争对手品牌	
本企业产品品牌在国内位次	第_____位
国际主要竞争对手品牌	

3.本企业是否设置品牌管理职能部门?

□设立了专职品牌管理的部门　□设置了兼职品牌管理的部门

□没有设置明确的品牌管理部门和职能

4.现阶段本企业产品在市场中最具竞争力的要素是（单选）：

□产品品牌　□产品质量　□产品价格　□技术领先　□销售渠道

□服务水平　□产品宣传

5.您认为品牌建设对本企业过去的发展具有

□决定作用　□重要作用　□一般作用　□较少作用　□没有作用

6.您认为品牌建设对本企业今后的发展具有

□决定作用　□重要作用　□一般作用　□较少作用　□没有作用

7.在国内市场，相对比国内品牌，本企业产品品牌具有

□绝对优势地位　□相对优势地位　□一般地位

□相对劣势地位　□绝对劣势地位

8.在国内市场，相对比国外品牌，本企业产品品牌具有

□绝对优势地位　□相对优势地位　□一般地位

□相对劣势地位　□绝对劣势地位

9.在国际市场，本企业产品品牌具有

□绝对优势地位　□相对优势地位　□一般地位

□相对劣势地位　□绝对劣势地位

10.本企业在制定品牌培育和品牌市场发展规划和策略时，对行业主要竞争对手的市场份额、品牌策略等情况

□经过细致的系统调研　□经过简单调研　□进行一般了解

□了解较少　□不太清楚

11.本企业的品牌建设是否有国际化策略？

□已经有并且已经实施见效　□已经有正着手实施

□在研究过程中　□暂时还没有

12.本企业通常以什么特点取得产品品牌的市场地位

□独特的技术特点　□成本领先的价格优势　□两者兼而有之

13.本企业产品品牌最具核心竞争力的因素是（单选）：

□创新能力　□产品品质　□服务水准　□品牌文化

□营销手段　□其他（请注明）

14.妨碍本企业品牌建设的因素主要是（请选出最重要的三项）：

□领导层重视不够　□缺乏相关专业人员　□资金不足

□缺乏切实可行的方案　□企业现阶段没有必要　□市场环境差

□体制制约　□其他（请注明）_____

15.本企业在品牌创新方面，感到哪种方式最有效（请选出最重要的三项）

□产品创新　□技术创新　□品牌延伸　□品牌本身的创新

□营销创新　□传播创新　□服务创新

16. 近年来本企业在品牌建设中投入最高的是（单选）：

☐研究开发　☐生产设备　☐广告宣传　☐销售服务

☐销售渠道　☐其他（请注明）

17. 本企业品牌宣传的最主要途径为（单选）：

☐电视广告　☐报纸广告　☐户外广告　☐网上广告　☐现场促销

☐公关活动　☐展览展示　☐行业评选　☐其他

最主要途径为（请注明）

二、企业品牌市场有关数据

品牌	名称	项　目	2010	2011	2012
企业品牌		销售收入（万元）			
		其中：出口销售收入（万元）			
		销售利润（万元）			
		营销费用（万元）			
		国内市场份额（%）			
		国际市场份额（%）			
		行业平均利润率（%）			
		行业市场增长率（%）			

三、企业品牌表现能力及企业自我评价（与主要竞争对手品牌相比较，请填写主要竞争对手具体名称）

竞争对手品牌设定为＿＿＿＿＿＿＿＿

序号	品牌表现因素	您单位在品牌建设方面所占优势的程度（请打分）劣势←――――相同――――→优势
1	品牌的可延伸性	1　2　3　4　5　6　7
2	品牌的地域覆盖范围	1　2　3　4　5　6　7
3	产品销售能力	1　2　3　4　5　6　7
4	品牌传播能力	1　2　3　4　5　6　7
5	品牌未提示知名度	1　2　3　4　5　6　7
6	品牌提示知名度	1　2　3　4　5　6　7
7	品牌美誉度	1　2　3　4　5　6　7
8	品牌忠诚度	1　2　3　4　5　6　7
9	品质认知度	1　2　3　4　5　6　7
10	产品的工业设计	1　2　3　4　5　6　7
11	品牌的整体形象	1　2　3　4　5　6　7
12	品牌获取超额利润的能力	1　2　3　4　5　6　7
13	品牌危机公关能力	1　2　3　4　5　6　7
14	企业信誉	1　2　3　4　5　6　7
15	企业文化力	1　2　3　4　5　6　7
16	企业凝聚力	1　2　3　4　5　6　7
17	企业的行业影响力	1　2　3　4　5　6　7
18	企业的社会影响力	1　2　3　4　5　6　7

四、企业意见和建议

1. 请提出对此次企业形象优化升级改造中，需要注意及强调的地方？

2.请描述出企业未来愿景和发展目标？

3.请描述此次企业想通过形象改造达到的目的及预期效果？

再次感谢参与者的支持与配合！

课后任务

1.企业形象设计的调查内容有哪些方面？

2.收集典型的企业形象策划调查问卷案例，进行归纳分析。

3.以提供的调查问卷格式为范本设计3份调查问卷。注意应选同类型、具有相同竞争力或者生产同类产品的企业进行调查比较分析。

延伸阅读

1.许劭艺.新概念CIS企业形象设计［M］.长沙：中南大学出版社，2011.

2.正杨广告联盟机构.http://www.mu-ad.com.

3.正邦品牌策划和设计.http://www.zhengbang.com.cn/.

第8章　企业形象设计企划

引导案例

奥迪公司品牌策划

1909年德国汽车生产商奥迪成立，并于1932年兼并了霍希、漫游者和小奇迹，合并成立为汽车联盟公司——AG。在那年推出了著名的四环联盟标志，每一个圆环代表了其中的一个公司。在20世纪60年代，汽车联盟公司被另一家汽车生产厂商——大众集团收购，1985年，公司重新更名为奥迪股份有限公司。

奥迪以其技术领先的声誉成为高性能客车的主要生产厂商，但奥迪从来没有一套系统完整的品牌方案。奥迪在汽车产品上用四环标志，印刷媒介上用椭圆的菱形标志，而在公司的许多活动中至少用过3种不同的四色标志。直到1993年这些混乱的概念和不明确的市场定位导致了企业形象的危机，进而影响了销售业绩。

1994年底，奥迪公司选择了一家有国际声誉的本土广告公司——曼特设计公司，进行企业形象设计，并提出以下要求：

（1）一套整体企业策划。
（2）因为改善机械技术带给人们的冰冷感，所以CIS设计必须充满人性和热情。
（3）建立一套组织严密的指导方针以确保传播的一致性。
（4）协调解决公司全球化进程中的有关困难（集中在出口贸易）。
（5）体现发展迅速的公司，以及为公司发展做出努力的员工。
（6）尊崇奥迪的悠久历史。
（7）折射公司特质。
（8）一套完整综合的CIS系统。
（9）吸纳最新的理念并对新媒介起到指导作用。

这是个庞杂的项目，涉及标志的修改，广告、样本、光盘和网页等的重新设计，新的奥迪集团的整个系统识别文件。对此，曼特设计公司针对这个项目重新组织了在柏林的分公司，特别成立了3支工作小组，进行企业策划、网络在线设计及光盘。

由于这是一个长时间不间断的项目，这些小组至今还在继续工作。3个小组定期和奥迪内部的产品设计部沟通以此确保形象的统一。小组由项目经理和经验丰富的设计师共同负责。他们首先限定了设计的范围，以整体系统为宗旨，确立规范化并可做适当调整的设计原则，以适应公司的发展变化。奥迪对外的传播目标是：所有潜在受众，无论从杂志广告、网站广告还是在其销售中心，都通过统一的形象系统来了解奥迪。

标志保留了四环相扣的设计形象，但增强了金属质感的效果，体现了高品质的概念。银色、白色和红色为新的标准色。经销处用红色，白色标志用于企业，银色用于客户。此外，银色还有另外的象征意义，因为铝是 A8 车型的汽车底盘材料，意味着品质，如图 8-0-1、图 8-0-2 所示。

图 8-0-1　奥迪公司品牌策划旧设计

图 8-0-2 奥迪公司品牌策划新设计

> CIS手册确保75000个进口商、销售商和代理机构在广告、DM、汽车设计、网站、办公文具和光盘方面能统一贯彻执行新的识别系统，并提供了如何传播奥迪品牌的清晰概念。奥迪CIS系统的指导方针还注重实施过程的逻辑关系，帮助使用者更好地使系统的元素本土化，不给使用者太多的规则。

8.1　企业形象定位策划

　　这一阶段要对调查结果作出综合性结论，归纳整理出企业经营上的问题并给予有效的回答，还要对本企业今后的发展思路、经营行为及企业形象构筑方向，提出新的形象总概念，并进行企业形象定位策划，构筑基本观念系统。

8.1.1 经营理念导向定位

根据企业的经营方式、价值观念等进行定位。

【案例解析】

"Joyful"国际幼儿园品牌形象

"Joyful"是一个国际幼儿园。他们致力于提供一个充满活力和丰富的学习环境，孩子们可以在那里感到喜悦和安全。清爽而粉嫩的一套设计，感觉色彩很柔和、干净、舒服。整套品牌设计中突出了字母"O"字，它变成了一个笑嘴引领了整个品牌视觉，并延伸到不同的设计物料上，形成品牌的独特视觉基因，如图8-1-1、图8-1-2所示。

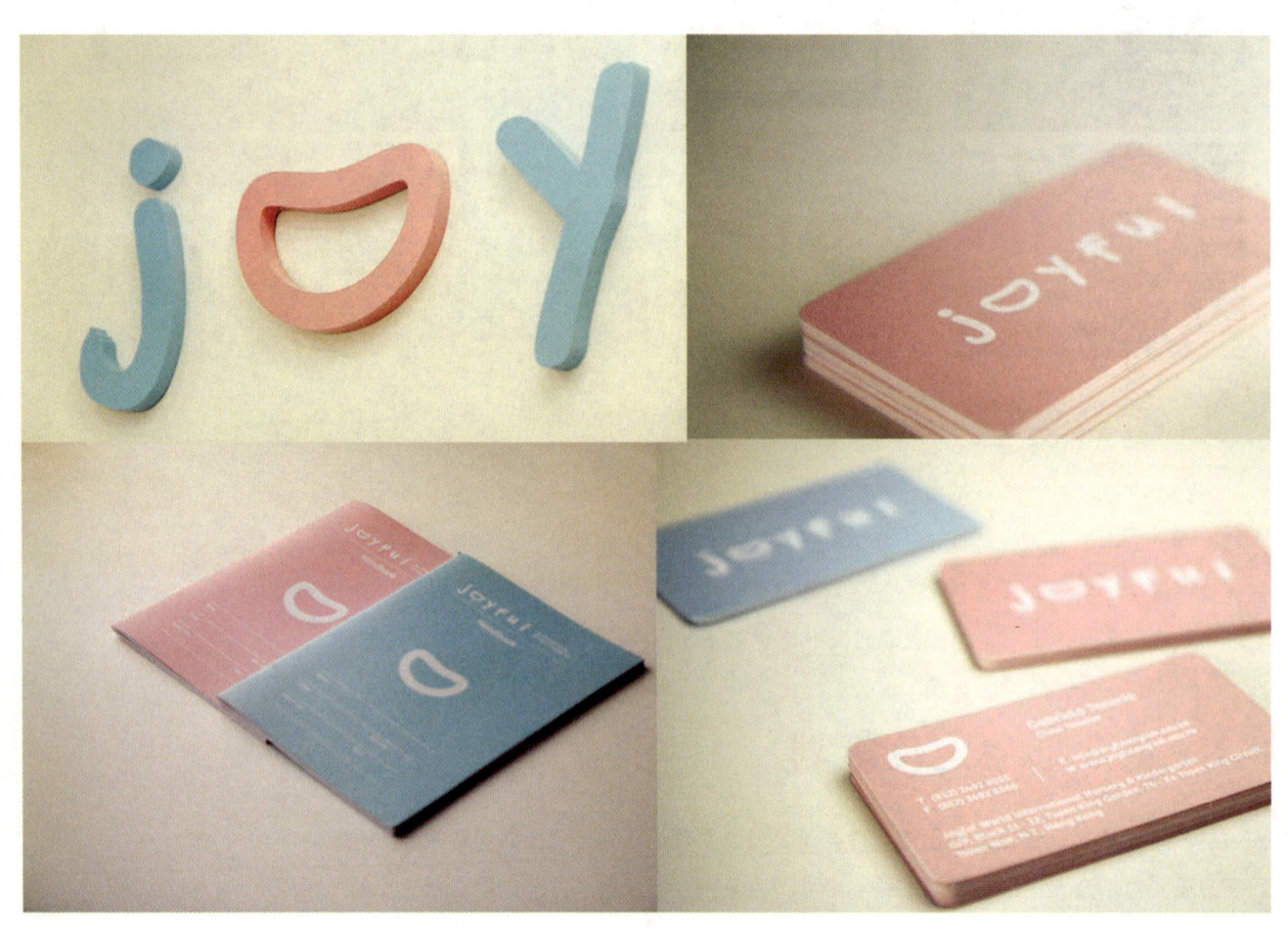

图8-1-1 "Joyful"国际幼儿园品牌形象（1）

图 8-1-2 "Joyful"国际幼儿园品牌形象（2）

8.1.2 行业性质导向定位

归纳总结行业存在的使命、价值，寻找消费者最关心的信息进行定位。

【案例解析】

惠普（HP）品牌形象定位

惠普（HP）是一家业务运营遍及全球170多个国家和地区的高科技公司。公司致力于探索科技和服务如何帮助人们和企业解决其遇到的问题和挑战，并把握机遇、实现愿景、成就梦想。惠普运用新的思想和理念来打造更简单、更有价值、更值得信赖的技术体验，不断帮助客户改善其生活和工作方式。

没有其他任何一家公司能像惠普一样提供如此完整的技术产品组合。他们提供广泛的基础设施和商业产品，从手持设备到世界上最强大的超级计算机，一应俱全。他们为消费者提供了一系列广泛的产品和服务，从数码摄影到数码娱乐，从计算机产品到家用打印。这一全面的产品组合让惠普公司能够针对客户的特定需求，提供合适的产品、服务和解决方案。惠普的品牌形象如图8-1-3所示。

图 8-1-3 惠普（HP）品牌形象定位

8.1.3　产品功能导向定位

企业把产品功能抽象化，寻找可为消费者接受的信息进行定位。

【案例解析】

crocs（卡洛驰）品牌定位

　　crocs（卡洛驰）创立于2002年，是一家美国的鞋履设计、生产及零售商，以crocs品牌于市场上推出男装、女装及童装的舒适鞋款。crocs鞋子最初的产品市场定位是帆船运动者和户外运动者使用，后来因为它穿着舒适而受到不同消费者的青睐。

　　公司名称为crocs，意为鳄鱼的昵称（crocodile）。标志以卡通鳄鱼形象为主，因为鳄鱼是一种没有天敌、强壮的爬行动物，这与该公司的产品定位十分接近，如图8-1-4所示。

图 8-1-4　crocs（卡洛驰）品牌定位

8.1.4 消费者情感导向定位

定位元素来源于品牌的一定情感因素，以消费者某种体验感受为取向。

【案例解析】

Heart Bread Antique 面包店品牌定位

Heart Bread Antique 是日本名古屋的一家面包店。面包店的宗旨是：将收入的一部分捐给不幸的需要援助的儿童，梦想着有一天，全世界的天使们都可以拥有笑颜，能够把快乐散播到全世界。

Heart Bread Antique 的店面是一个非常有趣味性的设计，无论色彩还是空间造型，无不在展现其巧克力面包圈的特点。店面和店内，以独特的产品造成品牌视觉聚焦，如图 8-1-5 所示。

图 8-1-5　Heart Bread Antique 面包店品牌定位

8.2　企划书写作模式

在有关 CIS 导入的动机、目的、基本方针、计划安排、措施保证、费用等有关项目都初步明确的基础上，CIS 专案人员应向企业主管与董事会提交一份书面的 CIS 导入企划书。CIS 企划书是一份规划性的文件，其内容包括以下方面：

（1）标题。如 ×× 企业 CIS 导入企划书。

（2）提案的目的与企业导入 CIS 的背景说明。关于导入的理由应进行客观的分析和陈述，准确地判断该企业在现代社会、企业界与同业间的地位与现状。对于 CIS 的导入与实施能解决什么问题，取得何种预期效果，如不及时导入 CIS 企业将面临什么样的问题，这些问题将在多大程度上影响企业的发展等，都要明确说明。

（3）导入 CIS 的计划方针。这是企划书的一个重要内容，根据前面所述的问题与背景，提出推进 CIS 的基本方针。如，CIS 的导入与实施是一项企业人人参与的运动，是企业经营与发展的有机组成部分，CIS 的导入由谁负责，导入 CIS 的计划重点等都要明确说明。

（4）具体作业方案。包括导入的程序，导入的完成时间，CIS 的长期维持措施，CIS 专案负责机构，协作机构，CIS 作业的总目标与效果预测。

（5）CIS 项目的费用预算。要尽可能地预测导入 CIS 所需的费用，减少误差，当然，也要留出一定的灵活空间，预算可列出一览表或预算表。

（6）结尾。包括日期、呈送单位和企划人。

8.3　CIS 预算

1. 导入预算的方法

导入预算主要有以下 3 种方法：

（1）销售提成法。企业按年度计划销售总额提取一定百分比作为年度企业形象预算经费。该方法只能预算出企业年度策划活动经费总额，只适用于年度预算。

（2）项目作业综合法。首先列出企业形象项目计划即每项策划计划所需费用的细目和总额，核定单项策划活动预算；然后将年度内各形象策划项目预算汇总，得出年度预算总额。

（3）平均发展速度预算法。运用历史资料计算企业形象经费实际开支的发展速度，然后据其确定计划期策划活动经费预算数额。

2. 导入预算的内容

导入预算的内容包括以下方面：

（1）劳动工时报酬。

（2）咨询和培训费用。

（3）行政办公费。

（4）专项资料费。

（5）专项器材费。

（6）企业形象广告宣传费用。

（7）实际活动费。

（8）提供赞助费。

课后任务

1. 企业形象设计定位策划有哪些方法？
2. 学习【延伸阅读】提供的设计网站中的案例，进行分析研究。
3. 根据企业形象设计案例，经过调查分析，编写一份企业形象企划书。

延伸阅读

1. 史墨，倪春洪. 标志与企业形象设计［M］. 沈阳：辽宁科学技术出版社，2010.
2. 于晓红. CIS 设计［M］. 北京：中国建筑工业出版社，2010.
3. 品牌特区. http://www.brandsar.cn/.
4. 成美营销顾问. http://www.chengmei-trout.com/achieve.asp.

第3篇 设计篇

第 9 章　企业视觉识别系统（VIS）

引导案例

慈航广告有限责任公司 VI

成都慈航广告有限责任公司成立于 2011 年，公司主要从事广告策划、广告制作、广告发布，是成都首家多维一体的广告策划公司。

标志创意来源于生活中的"风扇"，将扇叶抽象化并巧妙地结合在一起，形成旋转环绕的动势，代表了公司内部流畅和谐，与合作伙伴的顺利交流与合作。

标志采用了"三"个抽象的扇叶元素构成，"三"在中国寓意"多、盛、众"等含义，这也寓意公司实力雄厚。

整个标志图形呈顺时针方向的旋转动势，寓意公司发展万事顺利，也寓意公司的事业顺风顺水。

标志在色彩上采用了"黄""绿""蓝"三色组合，体现了"活力、生命、激情、现代、健康、和谐"等理念，如图 9-0-1 所示。

图 9-0-1　慈航广告有限责任公司 VI（奕然天成公司策划设计）

9.1　视觉识别系统（VIS）概述

VIS（Visual Identity System），即企业视觉形象识别系统，是指在企业经营理念的指导下，利用平面设计等手法将企业的基本精神、市场定位和差异性充分表达出来以使消费公众识别并认知。

企业视觉识别体系分为两大部分：基础系统、应用系统，如图9-1-1所示。

VIS首先将具有象征性的标志，设计成企业视觉传达的核心体系（基础系统），进而统一地、有控制地应用在品牌执行的方方面面（应用系统），由此构建出企业形象的识别体系。

图9-1-1　视觉识别体系

9.2　企业视觉识别（VIS）作用

在品牌营销的今天，没有VI对于一个现代企业来说，就意味着它的形象将淹没于商海之中，让人辨别不清；就意味着它的产品与服务毫无个性，消费者对它毫无眷恋；就意味着团队的涣散和低落的士气。

一个优秀的VI设计对一个企业的作用包括以下几个方面。

（1）在明显地将该企业与其他企业区分开来的同时又确立该企业明显的行业特征或其他重要特征；确保该企业在经济活动当中的独立性和不可替代性；明确该企业的市场定位，属企业的无形资产的一个重要组成部分。

（2）传达该企业的经营理念和企业文化，以形象的视觉形式宣传企业。

（3）以自己特有的视觉符号系统吸引公众的注意力并产生记忆，使消费者对该企业所提供的产品或服务产生最高的品牌忠诚度，如图9-2-1所示。

（4）提高该企业员工对企业的认同感，提高企业士气。

图9-2-1（一）　ADAST系统VI（奕然天成公司策划设计）

图 9-2-1（二） ADAST 系统 VI（奕然天成公司策划设计）
ADAST 系统从标志、色彩等视觉基础部分开始设计，进而形成严谨的视觉传达核心系统，最后统一、有控制地应用在公司方方面面，由此构建出一整套视觉识别系统

对于一个追求永续发展的企业来讲，VI 系统的确立无疑是该企业无形资产的一个重要组成部分。但是，VI 也是一把双刃剑：优秀的 VI 设计固然能帮助提升企业的形象、促进企业的发展；而失败的 VI 设计也一定会给企业形象带来消极的负面影响、妨碍企业更上层楼。所以每一个客户都要清醒地意识到：VI 设计绝不是可有可无或是为企业涂脂抹粉、装点门面，它的意义在于将文本格式的企业理念，准确、有效地转化成易于被人们识别、记忆并接受的一种视觉上的符号系统；与文本格式的系统中存在有语法、修辞等规则一样，在视觉格式的系统里，也有着自己独立的法则与规范。

【案例解析】

布拉加（Braga）医院视觉形象

布拉加（Braga）医院坐落在葡萄牙北部，是一个服务人口超过 120 万居民的具有先进医疗技术的医疗机构。布拉加医院树立起来的是保健与关爱的品牌形象，无论从标志、色彩体系还是视觉应用都高度统一在此情感中，新鲜健康的品牌形象打消了患者对医药的抗拒感，如图 9-2-2 所示。

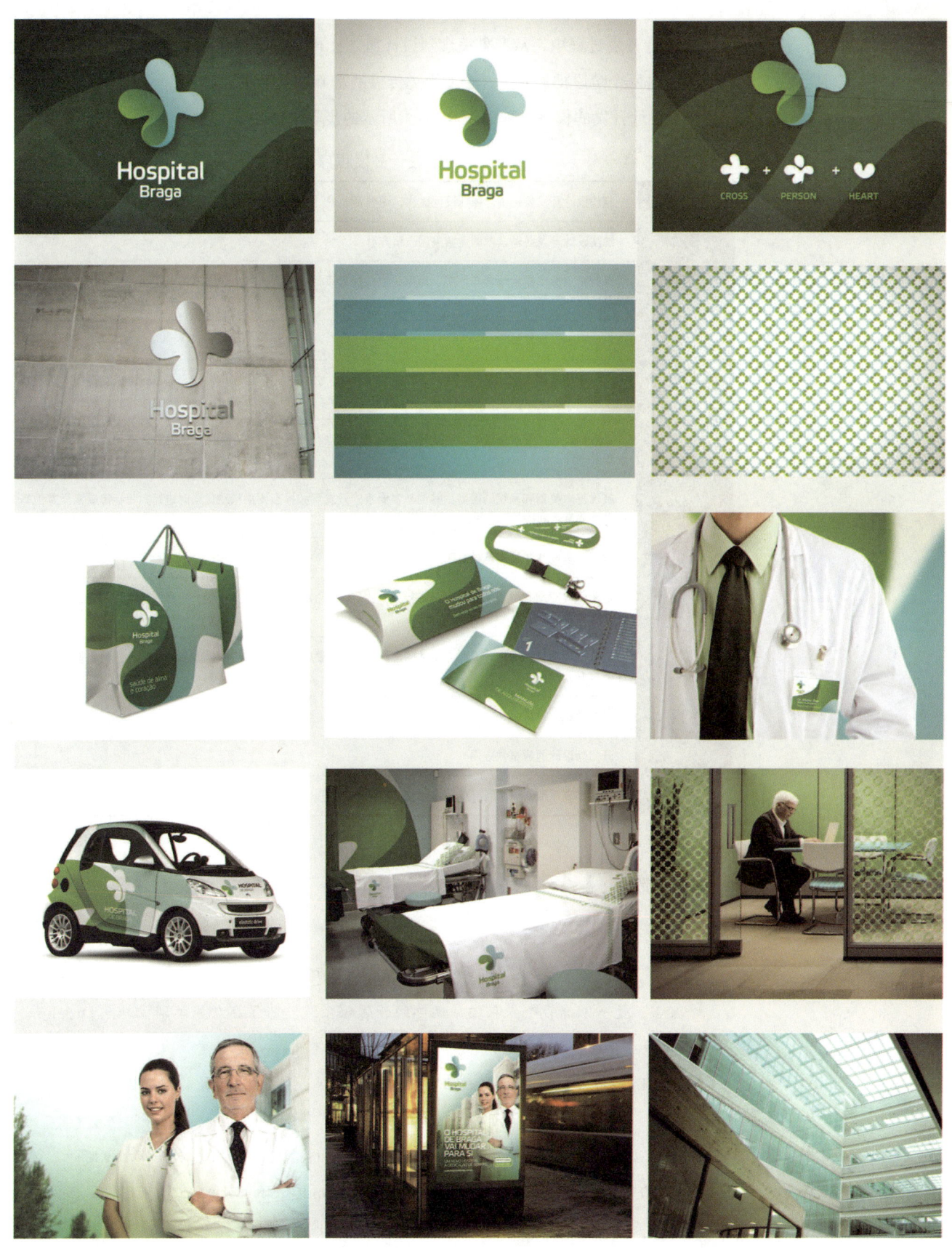

图 9-2-2 布拉加（Braga）医院视觉形象

9.3 企业视觉识别（VIS）设计程序

在设计开发过程中，从形象概念到设计概念，再从设计概念到视觉符号，是两个关键的阶段。这两个阶段把握好了，企业视觉传播的基础就具备了。

VIS 设计开发的程序可依据表 9-3-1 所示的步骤进行。

表 9-3-1　　　　　　　　　　VIS 设计开发程序步骤

阶段	内容
准备阶段	制作设计开发委托书，委托设计机构，明确 VIS 设计的开发目标、主旨、要点等
	说明设计开发要领，依调查结果订立新方针
讨论阶段	探讨企业标志要素概念与草图，即探讨拟定标志设计概念，再从构想出来的多数设计方案中，挑选几个代表性的标志草图
设计和修改阶段	企业标志设计案展现
	选择设计及测试设计案，包括对外界主要关系者，公司内部职员进行设计案的意见调查，进而选定反映良好的作品
	企业标志设计要素精致化。对选定的标志设计案进行精致化作业，造型上的润色，应用上的审视，以利于开发设计
	展现基本要素和系统的提案。其他基本要素的开发可和标志要素精致化同时进行，将标志要素同其他基本设计要素之间的关系、用法、规定提出企划案
	编辑基本设计要素和系统手册
	企业标准应用系统项目的提案。进行展开应用设计，包括名片、文具类、招牌、事务用名等，在此阶段建立应用设计系统
	一般应用项目的设计开发。在上述阶段所开发设计的项目之外，按照开发应用计划，进行一般的应用设计项目设计开发
测试阶段	进行测试、打样
	开始新设计的尝试性应用
编制阶段	编制 VIS 手册

【案例解析】

CX 个人档案网站 VIS

CX，是一家储存个人档案的网络经营管理系统。为了在与同类网盘站点 Dropbox 的竞争中占得先机，公司动用重金将原名 Cloud Experience 变更为"CX"，推出了由 Moving Brands 全新策划设计的品牌标志及网站系统，并借助大量社会媒体进行全方位宣传。

从"Cloud"改为更具力量感的"CX"让使用者对网站能更具吸引力的期许获得了无限的可能。"内容唤醒生命"是 Moving Brands 赋予 CX 的全新定义，意在传达 CX 将用最直观但令人惊喜的方式与世界分享其内容的精彩。在视觉系统中，可承载任何理念与信息的标志拥有无限变换的可能，可随意组合任意鲜亮的颜色与有趣的图形元素，如图 9-3-1 所示。

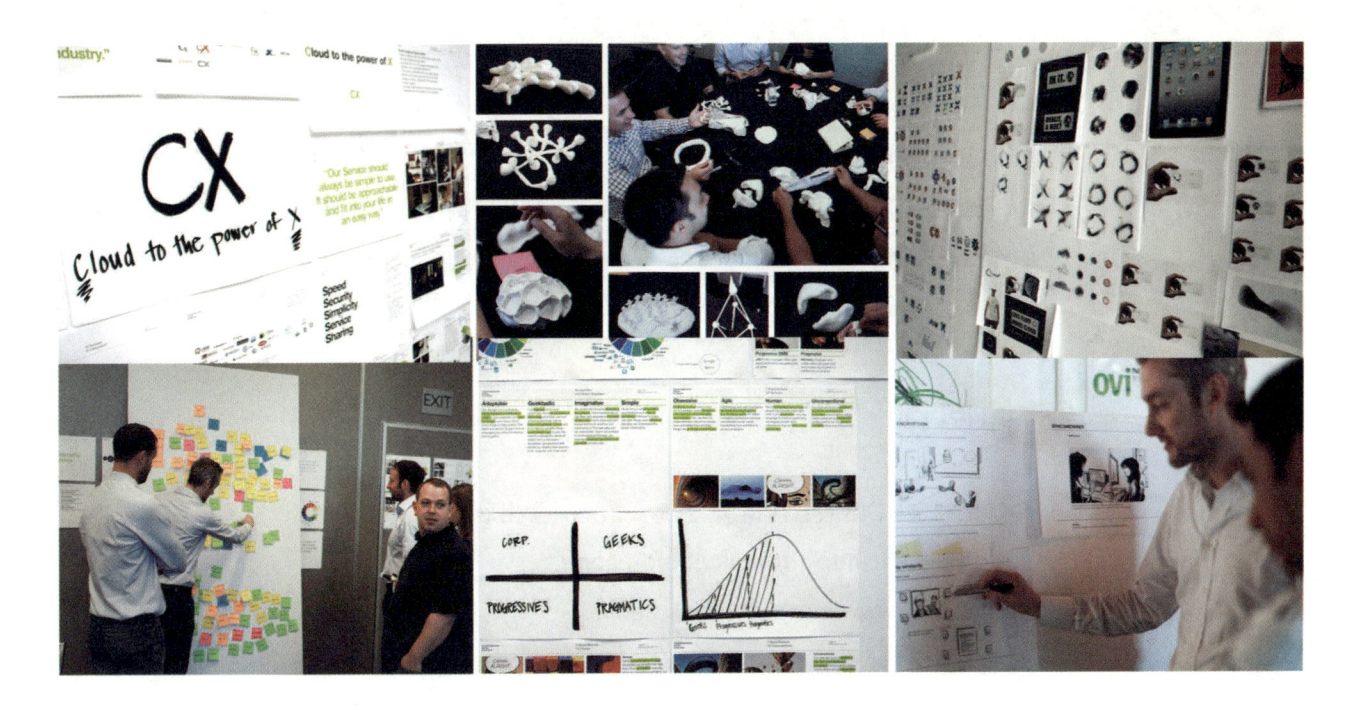

第3篇 设计篇 93

图9-3-1 CX个人档案网站VIS

课后任务

1. 思考企业视觉识别的作用有哪些？

2. 通过书籍、网络等渠道收集优秀的企业 VIS 案例，分析其策划过程，总结 VIS 对企业的作用及成果。

3. 结合课程所学，尝试虚拟一个项目的 VIS 提案，深入理解 VIS 的设计程序。

延伸阅读

1. 毛德宝. CIS 设计[M]. 上海：东南大学出版社，2011.

2. 百度文库. http://wenku.baidu.com/.

3. http://www.movingbrands.com/.

第10章　视觉识别系统的基础设计

引导案例

香港城市形象设计

2001年,香港打造新品牌,斥巨资900多万元设计香港新标志,"飞龙"标志腾空而出。香港成为第一座被品牌化了的"亚洲国际都会"。为一个城市设计一个品牌标志,香港是亚洲第一座将自己的城市用商业手段予以包装而且广泛推广的城市,其性质不同于以往一个地区、一个城市旅游观光的推广,更区别于一般社会意义上确立的"市花"标志和象征性城市标志。

■香港城市品牌化的背景

不同于一般商品的品牌化,香港被冠以"飞龙"标志的背后有着深刻的社会和经济原因。虽然香港一向被认为是一处融合机遇、创意和进取精神的地方,动力澎湃、朝气勃勃,既是运输枢纽,也是东西方文化精髓汇聚的地方,是名副其实的世界级大都会,但是,随着亚洲金融风暴和全球经济的影响,近年香港经济发展出现了缓慢增长的趋势。所以,如何应对全球经济环境的变化,在国际社会建立起一个新香港的形象,增强香港在国际出口、金融服务和商业方面的竞争优势,就显得尤为关键。

香港一直备受国际社会推崇,在全球享有良好声誉,但是经过香港城市品牌顾问团开展的专题调查结果显示,与其他国际化的城市相比,香港面对的一个新的挑战是,在国际社会普遍认为香港营商成本和生活指数高昂的情况下,如何加强向他们宣传香港可以为他们带来重大增值,在香港工作和生活能够给他们的企业和个人带来比其他城市更多的利益和好处呢?此外,面对全球知识型经济中的竞争,一向秉承辛勤工作、勇于冒险精神的港人,更需要以一种开放的心态接纳外来人才,同时提升自己的素质,在劳动力方面做好迎接新经济的挑战准备。

基于上述原因,这个百年城市选择了为自己建立一个品牌,也等于选择了一个时代。

■香港品牌的核心价值

文明进步、自由开放、安定平稳、机遇处处、追求卓越。

■香港品牌的个性

大胆创新、都会名城、积极进取、卓越领导、完善网络。

■香港品牌的品牌定位

亚洲国际都会。

■香港品牌标志符号的建立

在有关理念部分确定后，需要用一个视觉形象来表现香港。香港形象标志的创作由香港及国际性的设计公司参与，特区政府的代表经过初步筛选，在逾百份设计方案中选出五个最优设计，然后分别在香港、北美洲、澳洲和欧洲经由讨论小组进行严格的测试。结果证明最后选出的形象标志设计——一条设计新颖、活灵活现的飞龙，巧妙地把"香港"二字和香港的英文缩写"H"和"K"融入设计图案中，突显了香港的历史背景和文化传统，这正好反映了香港东西方文化汇聚的特色。飞龙的流线型姿态予人前进感和速度感，象征香港不断蜕变演进。飞龙富有动感，充满时代气息，代表香港人勇于冒险创新、积极进取的精神，以及不达目标绝不放弃的坚毅意志。如图10-0-2所示。

与图案并列的标题"亚洲国际都会"，正好点出香港所担当的重要角色：地区商业枢纽、通往中国内地和亚洲其他经济体系的门户，以及国际艺术文化中心。香港的形象标志在色彩应用上，通过彩带传递出澎湃的动力和不断前进的感觉，而黑色的选用则体现中国书法的精髓。主字款采用Frutiger字体，显现时代气息，字体工整，对比分明，令人联想起中国传统的印象。

正如香港政府制订的品牌手册所说：香港的形象标志并非只是一个图案，它是香港新的资产。

2008年，新的形象由香港著名设计师陈幼坚完成。"香港品牌"更新后的形象标志设计保留了原来的飞龙图案，但看起来更富现代感。带有神话色彩，充满力量的飞龙，把这个城市的历史背景、动力和时代气息结合起来，并巧妙地嵌进了香港英文名称的缩写"HK"。

由飞龙延伸出来的蓝、绿彩带，分别代表蓝天绿地和可持续发展的环境；红色彩带则勾划出狮子山山脊线，象征香港人"我做得到"的拼搏精神；彩带飘逸灵动，代表香港人应变灵活；而缤纷的色彩则代表这个城市多元化，富活力的气息，如图10-0-1所示。

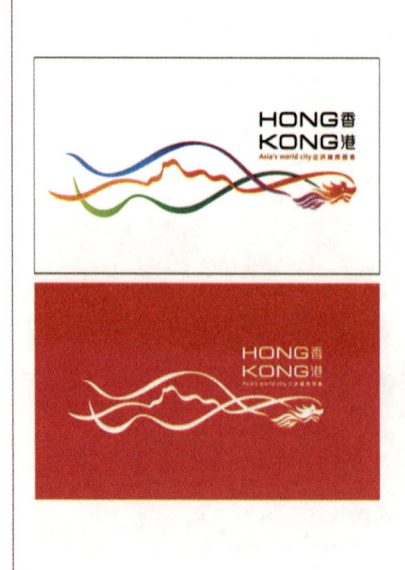

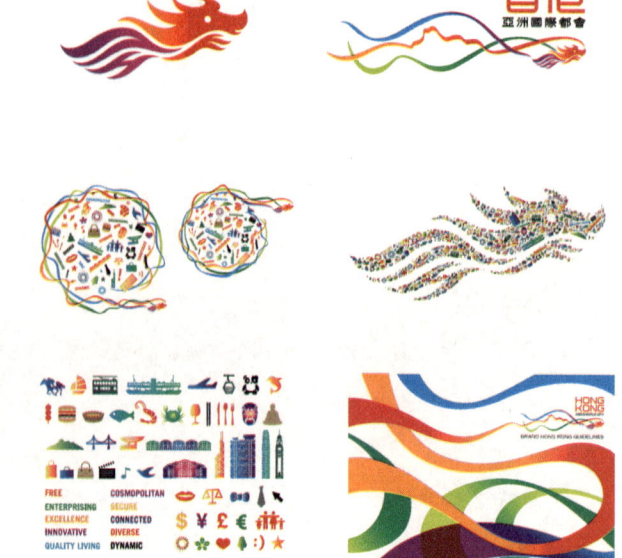

图10-0-1　香港城市形象设计新标志

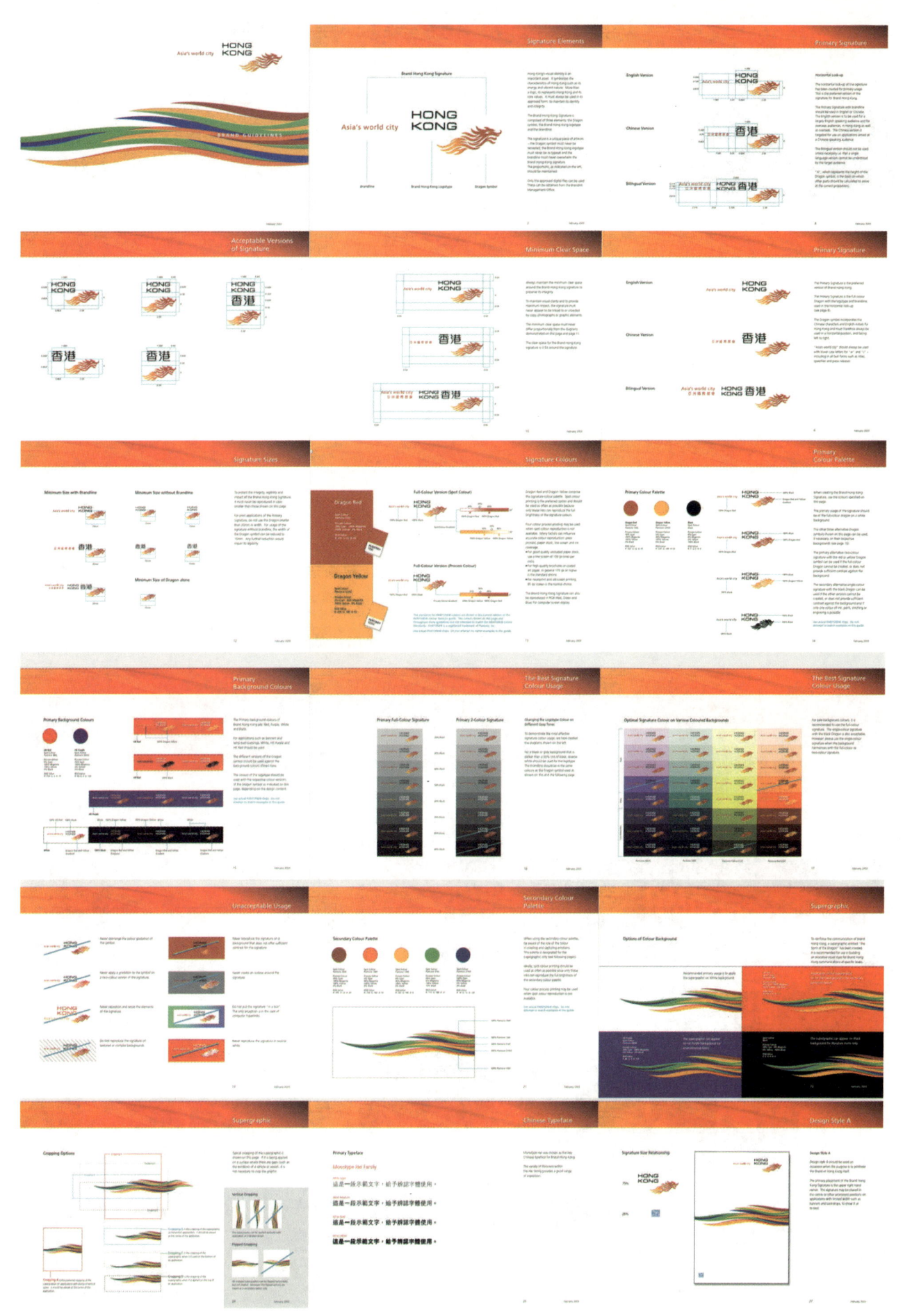

图 10-0-2　香港城市形象设计旧标志

图10-0-3 基础部分视觉要素

VIS基础部分的视觉要素是由标志、标准字、标准色三大要素构成。其中以标志的设计为重点，标志设计完成的同时其主识别色系则同步确立。标准字体的设计相对独立，但原则上应采用与标志设计风格相协调的字体样式。之后，围绕三大视觉要素展开细致严密的视觉基础要素组合规划设计。但是高度统一的标志、标准字、标准色长期保持稳定不变，有时也因此表现出保守、单一的缺憾，对此有效应对的方式是补充辅助图形、辅助色彩、卡通形象等的设计，能有效地起到丰富VIS视觉核心的作用，从而最终打造出多样统一的VIS视觉核心系统，即VIS设计的基础部分。如图10-0-3所示。

10.1 标志（Logo）设计

10.1.1 概念

标志指代表特定内容的标准识别符号，并要求其设计造型单纯、具有独特的风貌与强烈的视觉冲击力。

图10-1-1为第82届奥斯卡金像奖最佳动画短片奖的法国动画片《LOGORAMA》。这是一部由200多个世界著名品牌标志构成所有角色与画面元素的短片。从这部短片中，我们震撼地感知到标志在现代生活中的巨大作用，品牌在我们生活中无处不在。

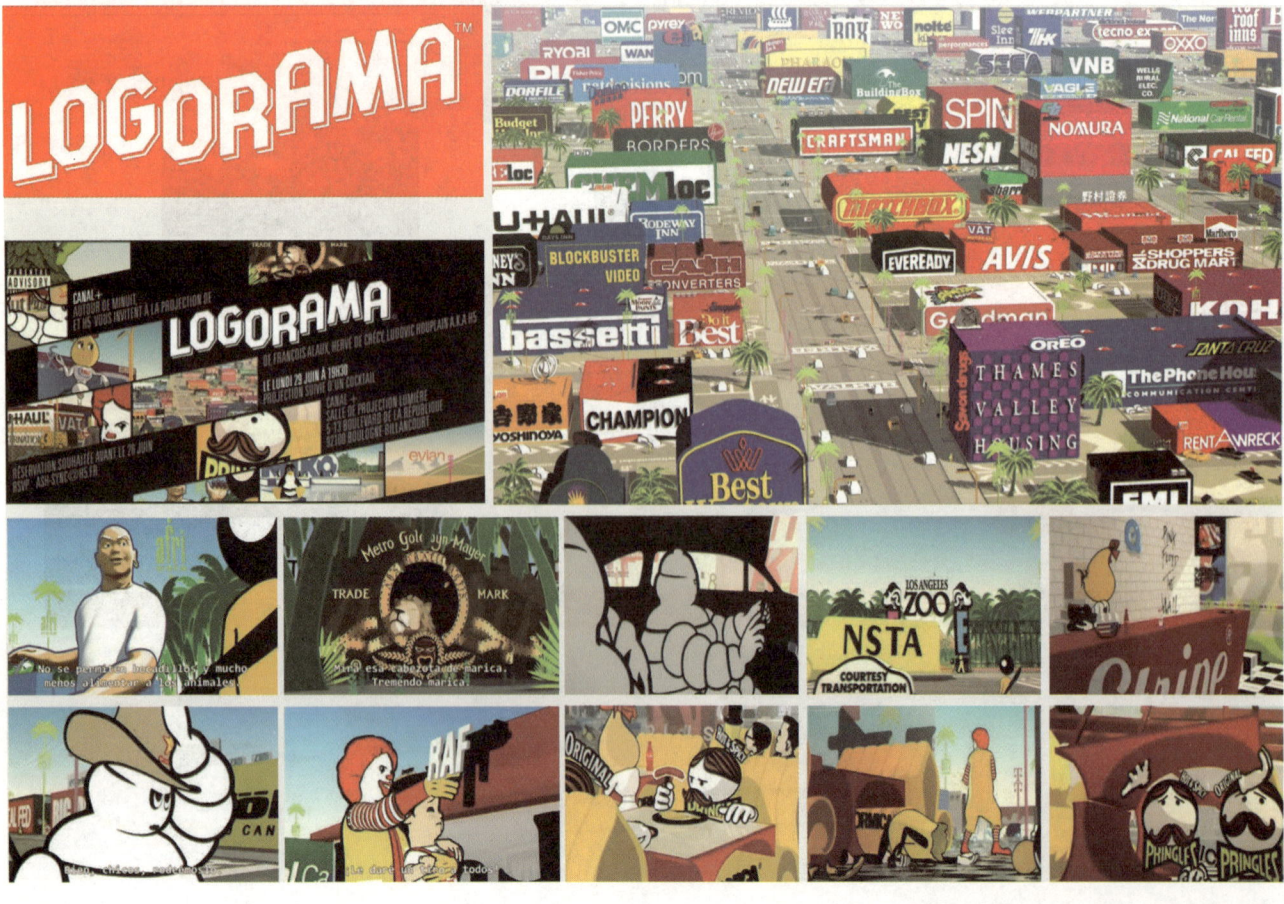

图10-1-1 "LOGORAMA"动画片

10.1.2 标志的功能

1. 代表信誉与质量

标志代表了商品生产、经营企业的信誉，是商品质量的保证。例如宝马、奔驰、耐克、香奈尔等公司，这些国际知名品牌代表了企业的信誉和品质的保证。如图10-1-2所示。

图10-1-2 宝马、奔驰、耐克、香奈尔标志形象

2. 树立品牌

对于商品及商品的生产和销售企业而言，标志本身就具有信息浓缩的广告作用。同时也有利于强化商品和企业的品牌地位，增加其商品对市场的占有率。美登高雪糕就是采用了这种快速建立品牌的手段。

【案例解析】

美登高品牌形象

将一个好的标志应用于其产品包装，这不单在美学上达到赏心悦目效果，更重要的是，它可成为建立品牌的一种快速手段。美登高其标志设计可体现此种策略。

标志设计运用较长的字体，自由洒脱的书法使其在表现上展现活力与动感，简单的"M"充分体现了雪糕之香滑，表现出强烈的食欲感。结合雪糕的包装形态，标志在包装上的应用表现得均衡而饱满，不仅在视觉上起到美化、聚焦附作用，更能迅速在消费者印象中树立品牌形象。如图10-1-3所示。

图10-1-3 美登高标志形象

3. 区分事物

标志在视觉图形上的个性化特征，成为消费者选择和购买商品时的重要依据。

【案例解析】

国内知名购物网站标志

■ 京东商城标志

京东商城是中国电子商务领域最受消费者欢迎和最具影响力的电子商务网站之一。京东商城旨在为用户提供人性化的"亲情360"全方位服务,在其标志上就体现了这一理念,蓝色网址与橙色名称的组合让人有可信任、踏实的感觉。

■ 赶集网标志

赶集网是中国最大、最活跃的本地生活信息门户。标志选用"及时贴"作为设计元素,表达赶集网简单易用的特点;"ji"的造型如两个人,用"人人聚集"的形象,展现赶集网人多信息丰富齐全的优势。采用红色表达赶集的热情洋溢,绿色表达赶集人性的服务、齐全优质的信息。标志简约洗练,好认好记,易于延展,贴合赶集网的特点和风格。

■ 亚马逊购物商城标志

卓越亚马逊是一个多产品选择的网上购物商城,标志将之前的卓越网标志换成如今的亚马逊中国,采用黑色在购物网站中是不常见的。

■ 淘宝网标志

淘宝网是亚太最大的网络零售商圈,由阿里巴巴集团在2003年5月10日投资创立。淘宝创造了网络最大销售量的奇迹。淘宝网的标志直接由其名称及网址组成,字体设计上感觉轻松活泼,亮丽的橙色使标志特别醒目。

■ 当当网标志

当当网作为全球最大的综合性中文网上购物商城,坚持的是"更多选择、更多低价"的使命。当当网的标志将绿色名称与红色网址搭配,很强烈的对比颜色,字体设计上也是非常活泼可爱。如图10-1-4所示。

图10-1-4 京东商城、赶集网、亚马逊购物商城、淘宝网、当当网标志形象

4. 监督质量

品牌标志的信誉是建立在商品质量基础之上的。商品质量的好坏,将直接影响商品的信誉和企业的形象。因此标志具有监督商品质量,促进优质商品生产进一步发展的作用,制约劣质和过时商品生产的作用。品牌标志的这种监督质量的功能,可迫使商品的生产者为了维护品牌的信誉,必须持续不断的努力提高产品的质量及服务水平,并不断地开发出

受消费者欢迎的新产品。

5. 维护权益

在市场经营活动中，品牌本身就是一种无形资产。品牌的知名度、美誉度越高，其含金量也就越高。在市场竞争的规则中，商品的生产企业，可通过注册品牌的专用权，有效地维护其企业和商品已经取得的声誉、地位；企业可以注册品牌标志为依据，利用有关法律，保护企业的合法权益和应得的经济利益不受损害。

6. 装饰美化

标志具有装饰和美化的功能，这一功能在标志的使用中尤为显著。标志在商品包装造型的整体设计中，是一个不可缺少的部分。形式优美的商标可对商品装饰起到"画龙点睛"的作用。对于社会而言，对标志的审美和设计水平，既可反映出一个国家、一个地区的文化传统和社会意识，也能从侧面反映出一个国家、一个地区的艺术设计水平。例如 Petfran，来自新加坡的一个水族宠物专业品牌，在视觉识别系统的规划设计中，标志与精美的数码插画结合，主色调是红色和蓝色的混合，使产品脱颖而出，体现出活泼清新的品牌形象，如图 10-1-5 所示。

图 10-1-5 Petfran 水族宠物品牌形象

10.1.3 标志的类型

企业标志可以依据不同的标准进行分类，就其基本构成因素而言，可分为字形标志、图形标志以及由字形、图形复合构成的组合标志三种。

1. 字形标志

字形标志有直接用中文、拉丁文或数字构成的，也有用汉语拼音或外文单词的字首进行组合的。文字标志往往能直接传达企业和商品的有关信息，具有可读性的特点，但其识别记忆性不及图形标志。所以人们一般都设法将文字标志与其他图形符号结合并用。

（1）中文。中文汉字，具有鲜明的特征，既表形也表意。现在的汉字从象形的甲骨文字演变而来，经历篆书、草书、隶书、印刷字、美术字等书体。不同的书体给人不同的视觉感受，传递不同的意义。同时，在国际化、信息化的今天，传统的中文汉字作为中国传统元素融入现代设计理念中，能更加准确、独特地传递信息，如图10-1-6、图10-1-7所示。

图10-1-6　中文字形标志（1）

图10-1-7　中文字形标志（2）

【案例解析】

蓝月亮品牌标志

蓝月亮（Blue Moon）创建于1994年，旗下拥有个人护理、衣物护理和家居护理三大系列，2009年蓝月亮公司委托陈幼坚设计师重新对品牌标志进行提升。

蓝月亮新标志的书写更加动感流畅，字与字之间笔笔相连，灵动中见严谨，"亮"字的最后一笔带出一弯月牙，意喻蓝月亮正如夜空中初升之月一样般充满生命力，堪称神来之笔。谈到新标志的设计理念，陈幼坚表示："我喜欢贴心而又低调的设计，一些设计师由于过分强调设计而忽视了品牌内涵和消费者的感知，这是一个误区。"他喜欢的设计风格是"润物细无声"，即把品牌特性无形地融入到设计之中，蓝月亮的新标志正是这一风格的体现，如图10-1-8所示。

（2）拉丁文字。拉丁文字属于表音文字，在国际上具有比较广泛的通用性。拉丁文字简洁、明确、现代及形态变化多样的特征在国际标志设计中始终占据主导地位。如图10-1-9～图10-1-13所示。

图10-1-8 蓝月亮中文品牌标志

图10-1-9 拉丁文字形标志（1）

图 10-1-10 拉丁文字形标志（2）

图 10-1-11 Syfy - NB 电视频道新标志

图 10-1-12 "MYDI"标志设计

图10-1-13 "ON"、"Mandy"标志

【案例解析】

夏新公司标志

夏新电子中文由原来的"厦新"改为"夏新",意为"华夏之新锐",市场由厦门区域性变为华夏的全国性,英文也由"Amoisonic"改为"Amoi",更加简单,易读易记,也为国际化品牌打下了基础。

标志设计时"A"字基本沿用旧标志的形象,旨在突出品牌的延续性,但在整体处理上采用更直接、果断的视觉表现手法,使其符合"华夏之新锐"的新理念。其余的字母追随"A"的风格,使标志充满高端、新锐的视觉感受。整体标志简洁明了,放大、缩小均有较强的识别性,易于延展实施,如图10-1-14所示。

图10-1-14 夏新公司标志

康比特标志

康比特品牌量身打造了一套适合自身的品牌形象及视觉识别系统(VIS)。新的标志形象以橙色为主色调,像旭日东升的阳光,符合健康、创新、积极向上的主张,同时传达为生命添活力的品牌理念,如图10-1-15所示。

KBT三个字母作为康比特汉字拼音的三个首字母,直观地与企业名称产生良好的相互辉映,降低传播成本,便于记忆。同时KBT引申了"Keep Body Teenage",与品牌理念交相辉映。

链家地产标志

链家地产是一家以地产经纪业务为核心的全国化发展的房地产综合服务公司。全新的Logo以其英文名称"HOMELINK"为视觉元素,整体简洁大气,具有较高的识别度及现代气息,如图10-1-16所示。

图 10-1-15　康比特公司标志

图 10-1-16　链家地产标志

"OVI"标志设计

"OVI"是诺基亚推出的互联网服务品牌，是诺基亚下一阶段战略的核心内容。它的标志采用品牌名称，简洁、明确的文字中贯穿着线条来表征信息和网络，如图 10-1-17 所示。

图 10-1-17 "OVI"标志设计

（3）拉丁文字首。选用对象名称中的首写字母或名称中的重要单字展开设计。这种设计可以紧扣主题，简洁、明确、记忆深刻。

【案例解析】

罗斯福大学标志

罗斯福大学（Roosevelt University）位于伊利诺伊州的芝加哥与绍姆堡，该大学在人文与音乐学科上颇负盛名。罗斯福大学委托 Studio Blue 设计公司对其大学标志、学校徽章及学校运动标志形象进行重新设计，一个鲜明及充满现代气息的 R 标志代替了学校原来的文字标志。该标志通过融合了绿色及独特的"折叠"结构结合而成，如图 10-1-18 所示。该标志传达出多样性及一致性的理念，这个理念也是大学重要的组成部分。罗斯福大学校长 Chuck Middleton 认为："在不远的将来，人们看到字母 R 就能立即想到我们。"

图 10-1-18 罗斯福大学标志

陆军和空军联合服务公司标志

陆军和空军联合服务公司（AAFES）成立于 1895 年，一直负责为美国军方采购，以严格的招标程序而闻名于世。AAFES 在美国和 30 多个国家拥有超过 3100 个设施，其中包括超过 180 个零售商店，以及 1000 多个快餐店。2010 年 9 月 AAFES 更名为 the Exchange，新的品牌形象由 Chute Gerdeman 公司设计。标志中两种颜色表示美国陆军和美国空军走到了一起，"X" 是 Exchange 的简写，红色箭头象征发展的前进动力。新标志削弱了原标志的政治因素，转而强调外汇交换，其简写"X"简洁醒目，更具亲和力，如图 10-1-19 所示。

图 10-1-19 陆军和空军联合服务公司标志

西班牙北部城市布尔戈斯（Burgo）形象设计

布尔戈斯（Burgo）位于西班牙北部，是圣地亚哥朝圣之路上重要的文化中心，始建于884年，曾是卡斯蒂利亚王国的都城。为加强布尔戈斯市在国际和国内的城市地位，早些时候举办了"创造城市品牌"的比赛。参赛对象不限，可以是个人，也可以是公司，最终Tormenta设计公司赢得比赛。形象标志是布尔戈斯（Burgo）首写字母"B"，中间加入了一个笑脸，表现"微笑布尔戈斯"的概念。展示出布尔戈斯友好，开朗，开放，乐观的品牌的元素，如图10-1-20所示。

图 10-1-20 西班牙北部城市布尔戈斯（Burgo）形象标志

LOGIO 公司标志

LOGIO是一家大规模的物流运作和供应链管理公司。其标志采用品牌名称的首字母设计，并以霓虹灯的轨迹为元素，展现明确、有效、令人难忘的品牌形象，如图10-1-21所示。

图 10-1-21 "LOGIO"公司标志

（4）数字。通常指阿拉伯数字，具有全球通用性和识别性。在数字中融入设计对象的特征、精神、理念、内涵，造型新颖，记忆深刻。如图 10-1-22、图 10-1-23 所示。

图 10-1-22 数字字形标志（1）

图 10-1-23 数字字形标志（2）

【案例解析】

伦敦奥运会标志

第一，人性化的表现。伦敦奥运会的会标，体现出了人性化。这个造型就是用几何图案表现出来世界五大洲的轮廓，组合拼成了男人和女人之间的体育运动。

第二，另一种境界。设计体现了年轻、活力、精力充沛，它的本身已经超越了奥林匹克在赛场上的精神。该会徽表明将用奥运精神激励每个人，特别是全世界的年轻人。

第三，文化无国界。伦敦奥运会的会标用几何图形来表现中国的"人"字，体现了伦敦作为一个国际性的大都市对各国文化的吸收，更体现了当今是一个崭新、丰富多彩、年轻的世界。

第四，简单的就是最好的。

如图 10-1-24 所示。

03 早教中心标志

03 早教中心是一家由专业从事婴幼儿早期教育人士开办的早教中心。主要针对

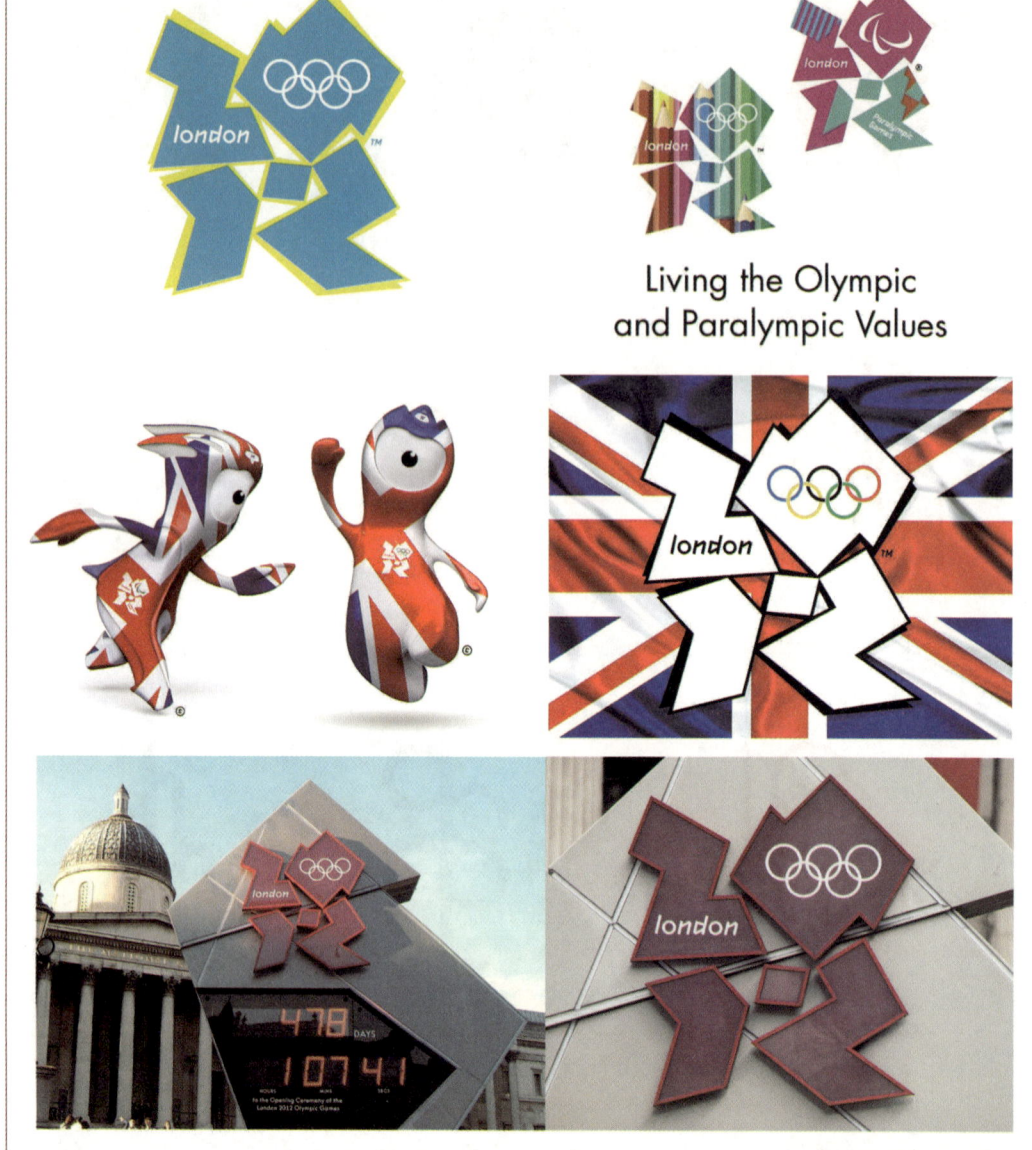

图 10-1-24　伦敦奥运会标志设计

0～3岁婴幼儿的早期智能开发。标志根据早教中心的服务对象（0～3岁宝宝）的年龄特征进行设计，直接传递早教中心的服务信息。数字造型简明、突出、色彩温馨，深受宝宝喜爱，如图10-1-25所示。

2. 图形标志

图形标志可分为抽象图形标志、具象图形标志。图形标志能以简洁的线条或丰富的图形结构来表示一定的含义，有生动、形象、便于传达、易于识别记忆的特点。现在国内外企业标志设计的总趋向是：由绘画处理转向图案格式，由一般图案转向几何图案，由抽象形式取代具体形式，从而体现出简洁、柔和而完整的图案美，表现出企业标志的象征性意义。

（1）抽象图形标志。这类标志使用非象形图案或几何图形来表达某种事物的意义或概念，如图10-1-26所示。

图 10-1-25 03早教中心标志

图 10-1-26 抽象图形标志

【案例解析】

索尼爱立信标志

索尼爱立信作为一个从事移动通信和多媒体产业的公司，它的标志既有视觉冲击力，又有动画效果。"流动的形象"和"另一个自我"是这个新标志体现的两个关键元素。"流动的形象"是指当你看见它的形状和颜色时能够产生动感；"另一个自我"是指移动电话已经成为最个性化的东西之一，犹如你身体的延伸，它代表了有个性的一面。同时这个标志选择了温暖的绿色，表达出品牌的感情和行为，如图10-1-27所示。

图10-1-27 索尼爱立信标志

塔尔萨国际机场标志

塔尔萨国际机场（Tulsa International Airport）是美国俄克拉何马州最大城市塔尔萨的机场。塔尔萨国际机场发布了新的标志。新标志的设计从单点开始的三条线勾向天空，象征起飞和着陆，明亮、鲜艳的色彩代表不同的旅程目的地。这种从橙色向紫色过渡的配色，同时统一在网站改版和其他应用中，如图10-1-28所示。

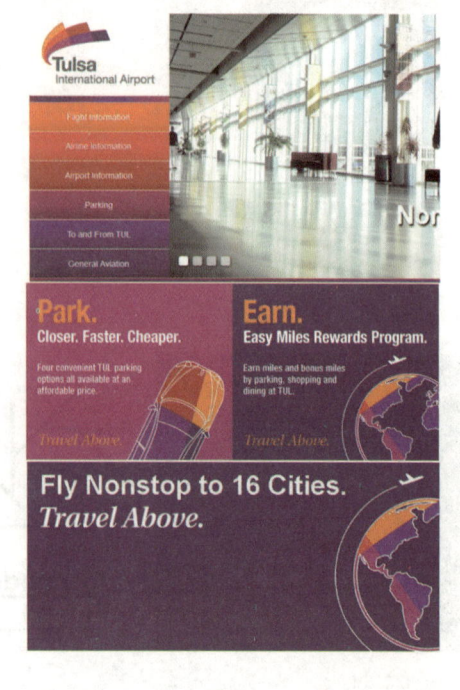

图10-1-28 塔尔萨国际机场标志

《今日美国》报标志

《今日美国》新标志是一个极简的蓝色圆圈。在作为报标时，会在蓝色圆圈旁边加上发行日期作为标志的一部分，而在报纸内容版面中，这个圆圈会随着版面的不同而改变颜色和版面的名字，如图10-1-29所示。

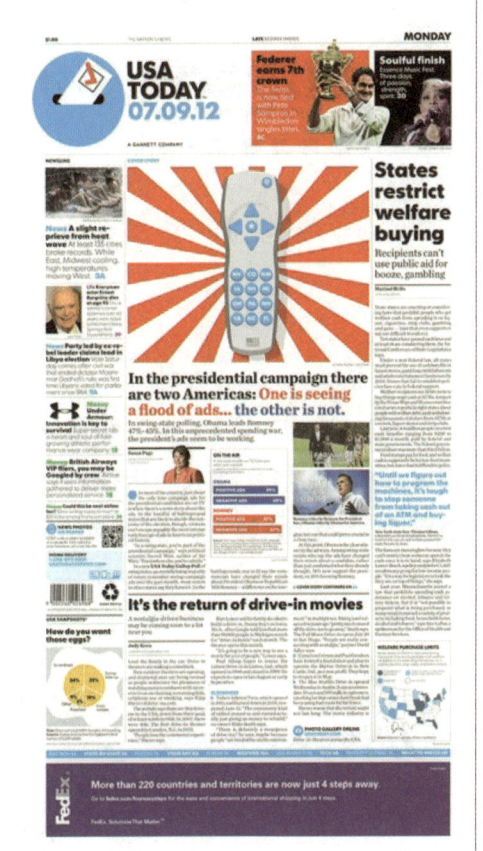

图10-1-29 《今日美国》报标志

"汇通快运"快递公司标志

"汇通快运"是杭州百世网络技术有限公司旗下的知名快递品牌。公司标志设计的灵感来源于著名的魔比斯环，代表一个平面上两个点距离的最快连接并无限延展。两个对折的箭头代表百世汇通追求速度和效率。蓝色则为科技力量的象征，红色则为百世汇通热情信任的服务，如图10-1-30所示。

迅雷看看影视网站标志

迅雷看看是一家影视网站，新标志在表现形式上以"网路视频"元素为视觉核

图10-1-30 "汇通快运"快递公司标志

心，从视觉上强化了其高清影视的行业定位。同时，在颜色上采用了蓝、绿、橙颜色的渐变，整体更加丰富多彩，也更显时尚和高端，如图10-1-31所示。

图10-1-31　迅雷看看影视网标志

（2）具象图形标志。具象图形是标志设计中经常使用的表现手法，通过对自然界和生活中的各种形象进行高度概括和提炼，突出其最本质的特征，如图10-1-32所示。这种表现手法具有形象鲜明、易于理解的特点。

图10-1-32　具象图形标志

【案例解析】

阿克苏诺贝尔公司标志

荷兰的阿克苏诺贝尔是世界上最大的化工公司之一，地球上最大的涂料公司。它的旧标志来源于 2000 年前希腊地中海的浮雕。随着企业的发展，有必要有新的姿态参与未来，因此公司在旧标志的基础上进行提升。

标志人体的图案抽象特别，笔画极简练，仅用单色的暗影撑起整个人象，却又符合情理，并散发出雄壮的阳刚之美；标志的字体从全部大写改成大小写结合，增强了品牌字的节奏感，原来棱角分明的字体也改为现在刚柔结合的字体，展现企业的兼容力，如图 10-1-33 所示。

图 10-1-33　阿克苏诺贝尔公司标志

The Donkey Sanctuary 英国慈善组织标志

The Donkey Sanctuary 是英国的慈善组织，始建于 1969 年，1973 年注册为慈善机构，是目前世界上最大的关于骡子和驴的动物保护慈善团体。其目的为传达对世界各地的骡子和驴"无私的关怀和奉献精神"。其标志明确地采用被保护动物的形象，并对其进行高度概括，形成鲜明的标志形象，贴切地传递出慈善组织的意义，如图 10-1-34 所示。

中国京剧院标志

中国京剧院是中国规模最大的文化机构之一，中国京剧院想通过自己的形象识别系统，树立文化部第一艺术团体的形象。标志利用旦角面部的局部特写为造型基础进行艺术夸张，在似与不似之间达到传神的境界，表现了中国式的美与中国传统美德；标准色采用京剧基本元素五色中的黑、白、红三色为色调，从构思到构图体现出高远

图 10-1-34　The Donkey Sanctuary 英国慈善组织标志

的审美格调。标志塑造了一个专心表演的京剧演员的形象，充满了凝视的深邃，盈蕴了表演的投入。梅花寓意"香自苦寒来"，也是向梅派的致敬。五瓣则象征了手眼身法步、生旦净末丑、喜怒哀乐惊、红黄蓝白黑、宫商角徵羽，形神兼备，与主标融为一体，共同构建出充满流动气韵的中国京剧院标志，如图 10-1-35 所示。

犹太妇女教育基金机构形象

犹太妇女教育基金（Jewish Foundation for Education of Women）是一家向需要资金资助的妇女提供助学金的私营机构，不管她们来自什么背景和什么年龄层。JFEW 的标志设计既是一本抽象的书，又是一扇敞开的门，既象征了教育，又表达该基金会为妇女创造机会的理念。如图 10-1-36 所示。

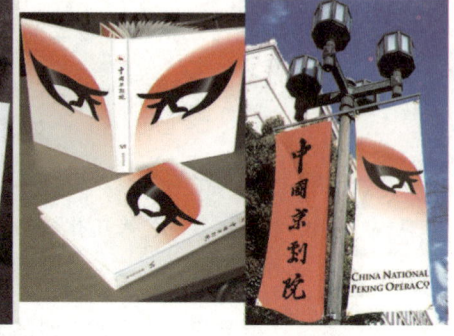

图 10-1-35　中国京剧院标志

图 10-1-36　犹太妇女教育基金机构形象

双立人公司标志

1731 年 6 月 13 日，双立人标志在德国莱茵河畔的小镇索林根诞生。双立人公司在德国是生产刀具的大厂家。在双立人品牌形象中，始终坚持黑白元素和红色的组合，不断诠释着自己永恒的品牌经典，如图 10-1-37 所示。

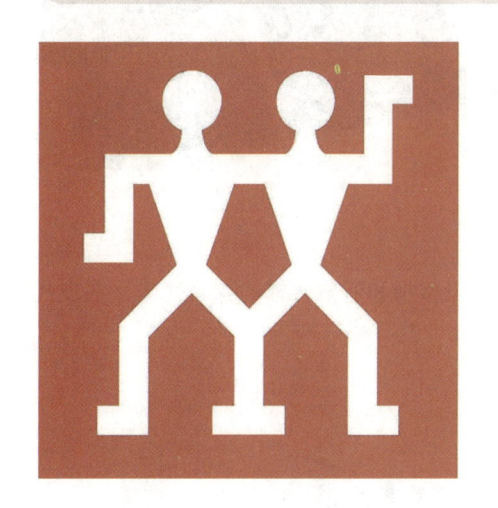

图 10-1-37　双立人公司标志

乌克兰 Liverpool English Pub 英式酒吧品牌设计

Liverpool English Pub（利物浦）是坐落在乌克兰的一个纯英式酒吧。酒吧的标志象征是 Liverpool 鸟，这只鸟是像传说中的凤凰，现实中是没有的。鸟的本身，不仅是利物浦镇的象征，还是非常著名的英国足球俱乐部标志的主体部分。如图 10-1-38 所示。

3. 图文组合标志

图文相结合的组合标志是字形标志与图形标志优势互补的产物，集中了两者的长处，

图 10-1-38　乌克兰 Liverpool English Pub 英式酒吧品牌设计

克服了两者的不足，因此具有可视性、可读性、视觉传播和听觉传播的综合优势，在现代企业标志设计中被广泛采用。如图 10-1-39 所示。

图 10-1-39　图文组合标志

【案例解析】

花旗银行品牌形象

花旗集团（Citigroup）是全球最大的金融服务集团。贵为全球银行业一哥的花旗银行是其主要的组成部分。在品牌方面，花旗集团也在全球以"Citi"的名称来运营。通过在"Citi"四个字母的中间设计一个红色弧线，很好地把"红色小雨伞"与Citi完美结合，蓝色代表了对百年花旗的延续。为区别花旗银行各项业务，标志将使用不同颜色的弧线。黑色弧线代表花旗银行的公司及投资银行业务，红色弧线代表花旗的财富管理业务，而蓝色弧线将代表花旗的消费客户业务。如图10-1-40所示。

图 10-1-40 花旗银行品牌形象

博尚电子品牌标志

博尚电子是国内专业的数字卫星接收机厂家,通过导入 CIS 树立品牌形象。如图 10-1-41 所示。

图 10-1-41 博尚电子品牌标志

(1)标志采用字母与图形进行设计,有力地突出了品牌识别,令人记忆深刻,且彰显国际品质。

(2)S 的特殊处理,把 BOX 和 SAM 进行视觉连接,且容易品读,很容易联想到中文的品牌名称。

(3)线条的设计,似无限信号一般,和公司经营的性质相符合,给人无限想象空间,与数字卫星、通讯、信号等联系在一起。

(4)标志线条像翅膀一样,形成飞跃感,标志公司的发展将不断飞越,蒸蒸日上;又像两手紧紧相扣,突出团结奋进;还像是道路一样,预示公司不断向前发展,一路前行;线条向不同方向延伸,正突出公司在不同领域的涉足与成功发展。

(5)标志表现出硬朗、干净、流畅的气质感受,且简约、时尚、大方、识别性强,具有国际感、亲切感。

俄罗斯牙科医学在线交流网站品牌形象

Стоматология.рф 是俄罗斯一家专注于口腔医学的在线视频网站,提供最新最先进的牙科技术知识。新标志的灵感来自于牙齿的外形结构,将两个三角形进行部分的重叠,形成牙齿的形状,重叠部分是网站名称"Стоматология"的首写字母"С"。同时,两个三角形也象征了该网站的两个主要受众目标——医生与患者。如图 10-1-42 所示。

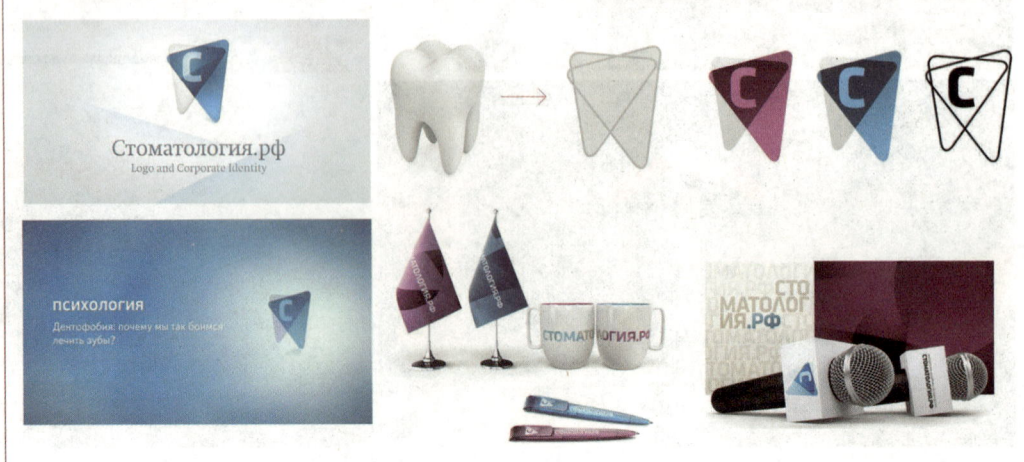

图 10-1-42 俄罗斯牙科医学在线交流网站品牌形象

"米老头"品牌标志

　　米老头的标志设计以图文结合，文字与图片紧密的融合形成一个有机整体，标志中的图片以一个微笑着带着头巾单手拿着两束麦穗，另一只手竖起大拇指的老头形象出现在食品标志中，显得颇有视觉冲击感，麦穗则体现了米老头的主要成分，竖起的大拇指则传达出对米老头食品的称赞之意。文字"米老头"则以红色为背景，大红的颜色寓意着米老头红红火火之意，"米老头"三个字却因红色而显得格外抢眼，如图10-1-43所示。从米老头的食品标志中我们可以了解到，米老头食品采用的是农民伯伯们亲自种的五谷杂粮制作，绝对的美味，绝对的健康，吃米老头食品是你正确的选择，它不仅让你称心如意，更让你吃得舒心，用你的笑容来给米老头食品打分吧。

图 10-1-43 "米老头"品牌标志

2016 巴西奥运标志

　　2016年里约热内卢奥运标志体现了和谐、团结、多样性和立体感的手，同时也运用了本地的特色，采用巴西国旗的颜色，如图10-1-44所示。

图 10-1-44 2016 巴西奥运标志

10.1.4 标志的设计技法

1. 对比反差

对比是把两种或两种以上的事物相互对照、比较。这种对比还可表现为大小对比、颜色对比。对比的目的是制造视觉上的节奏，改变单调、乏味的面貌，如图10-1-45所示。

图10-1-45 对比反差技法

2. 拉近距离

将字符间距凑紧，甚至重叠（透叠），不但能解决字符偏多而导致名称过长的问题，更主要的是标志变得整体且生动起来了，如图10-1-46所示。

图10-1-46 拉近距离技法

3. 正负形态

正负形态的结合转换产生出视觉趣味，会让目光驻留更长的时间，关键是表现要富于技巧，如图10-1-47所示。

图10-1-47 正负形态技法（1）

【案例解析】

正负形态标志设计

SYNC，为英语Synchronization的简写，意为同步。从名字上看就很有可能指的是计算机上的数据同步，因此在同步方面大多数情况下都会用到箭头的元素。而SYNC的Logo将箭头和英文字母S通过正负空间的相互转换很好地结合在了一起。

在白色基底下是黑色的图案，一眼就能看出来是字母S，而把黑色图形作为基地的话，那么白色部分就成为图案，因此就能发现其中还有两个箭头，设计相当巧妙。

　　FedEx，联邦快递。这是相当有名相当经典的运用正负空间设计的Logo。一眼看上去Logo其实很简单，只是由字母组成，没有任何图案。白色为负空间的基底，紫色和橘色为正空间的图案。但是仔细看右半边，若把橘色作为基底，那么就会有一个白色箭头的图案。箭头包含方向性，传达之意，正符合连邦快递的公司性质。

　　PortraitPhotos，意为肖像照片。拍照片需要相机，那么灰色的基底衬托出白色的相机图案，但反过来看，把白色的相机作为基底，就会发现其中还有一个人的图案。肖像照片离不开人，所以这个人的图案安排的恰到好处。

　　Illusion，意为错觉。这个Logo真的会让人产生错觉。Logo很简单，由横平竖直的线条组成的英文字母，没有多余的复杂图案。白色为基底，黑色为正空间。但是为什么那个字母S感觉有点不一样？当你缩小视觉范围，正空间和负空间互相转换，黑色成为了基底，白色成为了正空间的图案，那个S就显现出来了。Logo看似简单，但是却花了不少心思，简约而又相当到位。

　　KolnerZoo，动物园当然有动物，所以白色的基底上有一个大大的绿色的大象。但是动物园应该是有很多种动物而不应该是只有大象这一种，因此Logo的设计者将其他的动物都隐藏在了白色的负空间内。负空间内有什么？犀牛，长颈鹿，剩下那两只耳朵应该是兔子。总之有了这些元素，Logo的主题也表达全了。

　　如图10-1-48所示。

图10-1-48　正负形态技法（2）

4. 共用连接笔画

　　相邻字符共用一个笔画或是笔画中的部分，或是将断开的两笔连接为一笔。这样的处理使原本较长的字符可以处理得简短，整体感变得更强了，如图10-1-49所示。

图10-1-49　共用连接笔画技法

5. 立体造型

将形态或文字成立体造型，视觉冲击更加突出，如图10-1-50所示。

图10-1-50　立体造型技法

6. 偏旁改动

选中最适合的一个字符的某个偏旁做扩大处理，比如改变笔画形态、颜色，这便形成标志的识别点，如图10-1-51所示。

图10-1-51　偏旁改动技法

7. 趣味图案

将某个笔画甚至一个字符替换成某个具象的图形，或将文字与趣味性图片结合起来，会使整个标志的视觉活跃起来，并且耐人寻味，如图10-1-52所示。

图10-1-52　趣味图案技法

8. 添加边框背景

传统标志都要装饰边框，现代设计的边框设计则更应富于技巧，在形式上多做些创造，或者添加色块做背景，标志远看也很醒目，如图10-1-53所示。

图 10-1-53　添加边框背景技法

9. 对称均衡

对称是图案形式美的基本法则之一，设计庄重、稳定，如图 10-1-54 所示。

10. 错位组合

打破整齐划一的正统排列，将字符错位组合，在编排形式上有所突破，可造就出新的视觉效果，如图 10-1-55 所示。

图 10-1-54　对称均衡技法

图 10-1-55　错位组合技法

10.2　标准字设计

10.2.1　概念

企业标准字体是经过设计，专用以表现企业名称或品牌的字体。它因运用广泛，几乎涵盖了视觉识别符号系统中各种设计要素，与标志一样是企业形象的重要组成部分，是标识系统的有效补充和再现，同样也是一个企业外在形态与内在特质的物化，如图 10-2-1 所示。标准字体经过注册后同样受到商标法的保护，并且一旦确立，就必须严格遵守其形式，不得任意变动。

图 10-2-1 "ACTIVA"公司标准字及应用

10.2.2　标准字的特征

标准字的特征包括以下几个方面：
（1）识别性是标准字总的特征。
（2）易识性是标准字的基本特征。
（3）造型性是标准字的关键特征。
（4）系列性是标准字设计的应用性特征即应有一系列的相同风格的标准字，适用于各种场合。

10.2.3　标准字设计内容

企业标准字体设计的主要内容是：企业全称中文字体、企业简称中文字体、企业全称中文字体方格坐标制图、企业简称中文字体方格坐标制图、企业全称英文字体、企业简称英文字体、企业全称英文字体方格坐标制图、企业简称英文字体方格坐标制图等，如图 10-2-2、图 10-2-3 所示。

图 10-2-2 "Eurotel"公司标准字及应用

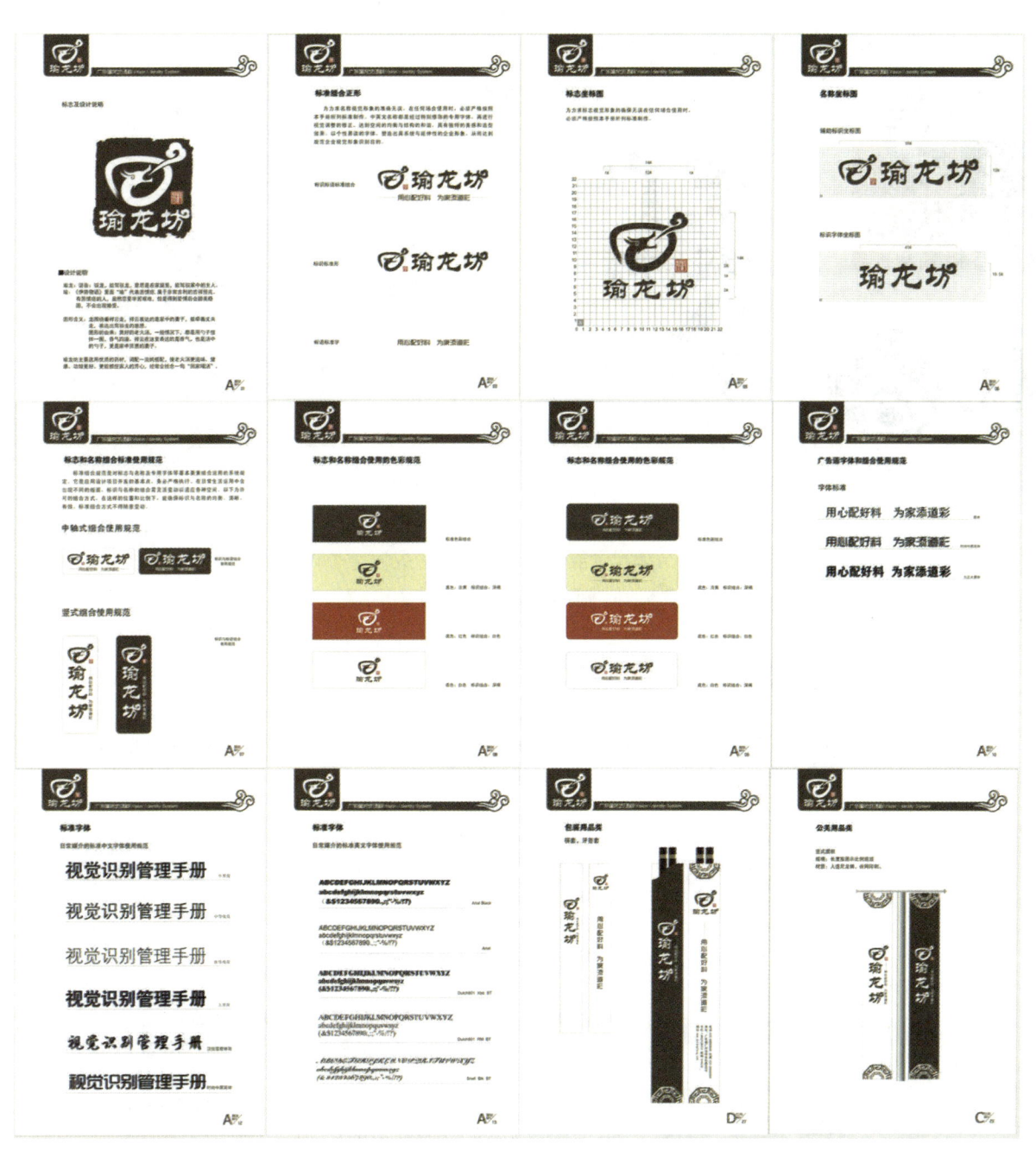

图 10-2-3 "瑜龙坊"标准字体及应用

10.2.4　标准字设计步骤

标准字的设计步骤包括以下几个方面：
（1）确定总体风格。
（2）构思基本造型。
（3）修整视觉误差。
（4）常见的错视与修正。

10.2.5　标准字设计方法

1. 请专人书写的书法体、手写体

汉字书法集合了中国传统美学文化的精髓，是汉字最适宜的书写方式，具有很高的审美性，如图10-2-4、图10-2-5所示。

图10-2-4　手写体标志设计

图10-2-5　书法体标志设计

2. 量身定制专有标准字体

这种字体可强化品牌视觉要素的识别性。建议以某个现成的电脑字库字体为基础，进行设计改良，如图10-2-6、图10-2-7所示。

屈臣氏的中文字与电脑字库的中文字体相比，做得更平整。连"氏"的第一笔和最后笔，都专门修平了

电脑字库的中文字体大小是略有参次的，特别是"氏"字，会比其他两个字小些；而"屈臣氏"标志，字体基本都一样大小；另外，"臣"字中间一笔，粗圆字体是居中，而标志是略往右靠，尽量补满右边

标志字体，所有交接笔处都以弧度处理，显得现代和特别；
屈字的"尸"字头，弧度比其他字要大，因为这个框太大，如果弧度小了，反而会显得方，不协调，所以将弧度做大；
肉眼永远和工具有差异，为了迁就这个差异性，虽然做字时会以工具衡量为开始，但最终必然还是以肉眼感觉为最终判断

图10-2-6　"屈臣氏"标准字体设计

"资生堂"标准字体与普通宋体对比，可以看出，标准字体保留了宋体的大部分特征，但又将很多衬线笔画进行了简化处理，让字体更具现代感

撇笔的收尾做得特别尖细，这符合女性护肤品的品牌特征

横笔的收尾略微上翘，这既保留了传统的字体字横笔特征，又改得更现代了些

图 10-2-7 "资生堂"标准字体设计

（1）改变比划的粗细对比。对笔画粗细关系进行调整设计，可令文字整体风格发生变化。多数情况下，作为品牌名称的标准字体，笔画（多指竖划）要有一定宽度，以体现分量感，但一定要避免过粗。

（2）重新设计字体的副笔画形态。对字体的点、撇、捺、勾、转角等副笔画重新设计，使之与标志形态相协调。

（3）改变文字的倾斜度。很多字体都配有倾斜的款式，但在英文应用中比较普遍。

（4）对笔画进行合并或连贯。打破文字书写顺序，从美学角度出发，对部分适宜合并的笔画进行串联。这样做的好处是使文字更为简练、整体。

（5）改变字体的外形比例。中文字体一般是方块形比例，但在实际的视觉效果中，略长些的汉字看起来比规整的方块形更为美观。

【案例解析】

"bossini"标准字体设计及应用

bossini 又名"堡狮龙"，是创立近二十载、香港著名的富有欧、美风格的休闲服装品牌之一。

为推动积极乐观的人生态度，bossini 以"爱快乐"作为其品牌理念，透过色彩丰富的产品及店铺陈列、面带笑容并且服务殷勤的店员，加上适度在产品中渗入幽默元素等，营造舒适、轻松的购物环境，为顾客带来愉快的购物体验。bossini 的标准字体及应用，如图 10-2-8 所示。

标志与普通英文字体比较：标志的"i"字去掉了上面一点，如果加回这点，标志整体视觉反而复杂了，没有这点会更干净整洁

从语法来说，开头的"b"字是应该大写的，但一旦大写，"b"字就难再将底部进行圆弧处理，会削弱了整体感和个性。
而将"b"小写后，小写"b"显然比较弱，与其他字拉不开距离，所以拉高了它的竖笔，让它起到引领作用

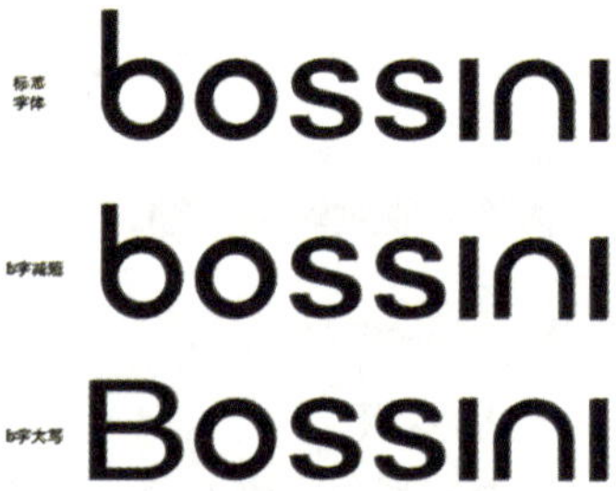

标志字体之间的距离并不相同，这需要设计师凭直觉来调整

三个字母都是正圆，外圆也相同大小。但内圆大小却并不相同：绿圈的"n"字最大，蓝圈的"o"字最小

图 10-2-8 "bossini"标准字体设计及应用

10.3 标准色设计

10.3.1 概念

VIS 的色彩系统由标准色和辅助色组成，如图 10-3-1 所示。

1. 标准色

是企业指定某一特定的色彩或一组色彩系统，运用在所有的视觉传达设计的媒体上，

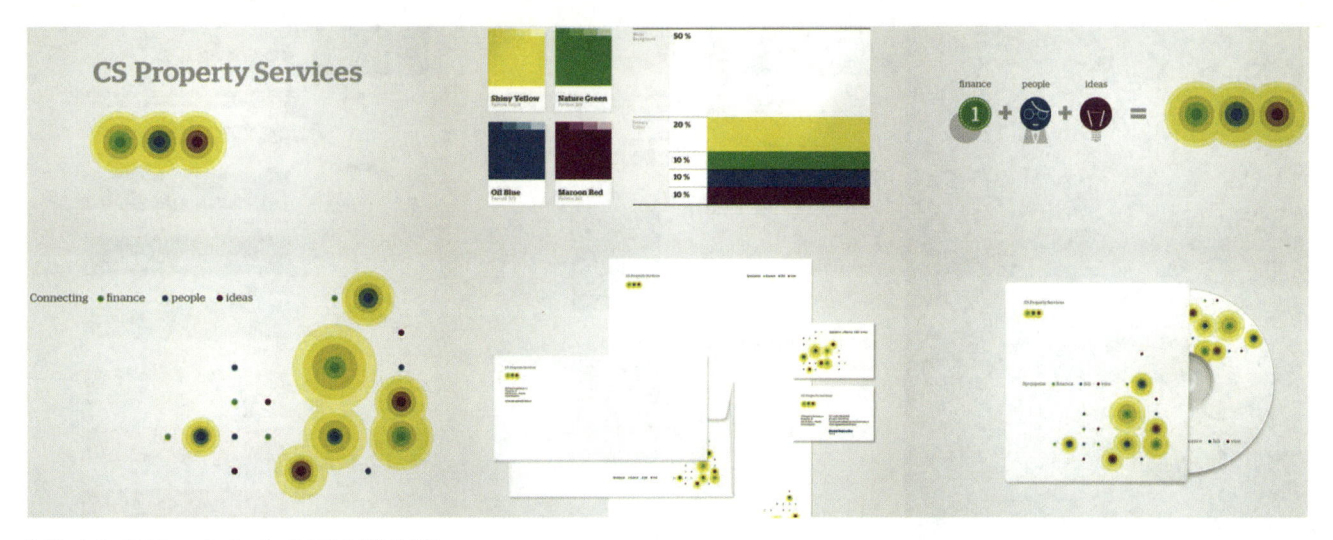

图 10-3-1 "CS Property Services"标准色设计及应用

透过色彩具有的知觉刺激与心理反应，表现企业的经营理念或产品的内容特征。

2. 辅助色

考虑到标准色一般不超过 3 种，有时无法适应如广告、包装或企业宣传等多重设计的色彩需要。因此，需要扩充品牌用色，既增加辅助色系。辅助色能更丰富、更完整地表现出品牌的所有内涵与精神。

10.3.2　标准色设计内容

企业标准色主要内容包括：企业标准色（印刷色）、辅助色系列、下属产业色彩识别、背景色使用规定、色彩搭配组合专有表、背景色色度色相搭配组合规范等，如图 10-3-2 所示。

10.3.3　标准色设计阶段

企业标准色彩的确定是建立在企业经营理念、组织结构、经营策略等总体因素的基础之上的。有关标准色的开发程序，可分为以下 4 个阶段：

（1）企业色彩情况调查阶段。

（2）表现概念阶段。

（3）色彩形象阶段。

（4）效果测试阶段。

10.3.4　标准色设计特征

标准色设计尽可能单纯、明快，以最少的色彩表现最多的含义，达到精确快速地传达企业信息的目的。其特征包括以下 3 个方面。

（1）标准色设计应体现企业的经营理念和产品特性，选择适合于该企业形象的色彩，表现企业的生产技术性和产品的内容实质。

（2）突出竞争企业之间的差异性。

（3）标准色设计应适合消费心理。

图 10-3-2 尚绿快餐标准色设计

10.3.5 色彩的联想

标准色作为符号，由于其本身具有刺激知觉，引发生理反应的作用，以及受生活习惯、社会规范、宗教信仰、自然景观等影响，其意常常体现为某种联想或某种抽象的情感。凭借这种色彩的知觉刺激和心理效应提示企业理念或产品特质，使色彩形象与诉求内容得到良好的统一，从而强化品牌识别性与传播力。

色彩具有色相、纯度、明度的属性，而这些属性的变化，也使其色彩的联想不同。

1. 冷色系

天空、海洋的颜色，象征理性、冷静、智慧，联想到天空、海洋、科技等。

适宜行业：科技、金融、医疗、保健等。如图 10-3-3 ~ 图 10-3-6 所示。

图 10-3-3 冷色系品牌形象（1） 图 10-3-4 冷色系品牌形象（2）

图10-3-5 冷色系品牌形象（3）

■ C100，最饱和的蓝色，纯净、稳重、明确、直白。

■ C90，最富浪漫情调的蓝色，相对感性。除了用于科技类，也适用于时尚类产品。

■ C50，浪漫、轻松的感觉。

■ C100 M80 K10，黑色成分使蓝色更加厚重，色感更加稳重及理性，特别适合于偏生产型的传统科技企业。

■ C100 M60，蓝色中加入较多的红，是科技行业的代表色，理性、逻辑、科学的感觉表现得恰到好处。

■ C100 M100，蓝色偏向于紫色，饱和、醇厚，具有高贵、华丽的感觉。

■ C90 M90，淡一点的紫色，理性和感性兼具，神秘、高贵，应用于科技行业和时尚品牌。

■ C40 M40，淡雅的紫色，更加感性及女性化。

■ C100 M10 Y30，是介于蓝色与绿色之间的颜色，整体感觉更倾向于科技感。其典型的应用案例是西门子公司的标准色，就近似于这套色。这种蓝色调里加入绿色，使其具备了一种人文自然情怀。

■ C100 Y100 K60，稳重的绿色，体现实力感。

■ C100 Y100 K25，中度的绿色稳重又不失活力，适用于农业、生物技术、医药、食品等行业，是使用度很高的一套色。

■ C100 Y60，绿色倾向于蓝的颜色，理性、稳重、雅致。

■ C90 Y100，生命自然的代表色，最适宜用在农业、生物科技等行业。

■ C50 Y100，色彩亮丽，清新、活力。

■ C30 Y100，颜色更加亮丽、醒目、时尚。适宜于轻松、活泼、富于个性的新兴领域。

图10-3-6 冷色系品牌形象（4）

【案例解析】

西班牙 BTI 生物技术研究所新标志

Biotechnology Institute（BTI）是西班牙北部一家专门生产牙科领域的移植、修复、组织再生等医学及治疗产品的公司。新 Logo 采用了一个全新的象征图案——蜂鸟，蜂鸟给人机智、与众不同、亲善及漂亮的视觉效果。这种鸟体积虽小，但精力十足，是自然界中代表精度及准确的最佳形象，它是唯一能够往后飞行的鸟类，也可以通过拍打翅膀在空中悬停，充满一种灵活的科技感。

通过以上蜂鸟的特点而产生的灵感，Logo 的图案是三维折纸的蜂鸟形态，传达出一种机智、科学、标准及可调节的感觉，不但象征自然界中蜂鸟的特点，同时也象征了工程技术的特点；色彩方面通过紫红、紫、粉红等颜色传达出一种温暖及蓝色科技，如图 10-3-7 所示。

图 10-3-7 西班牙 BTI 生物技术研究所新标志及应用

2. 暖色系

阳光的颜色，象征活力、激情、美味等。

适宜行业：食品、餐饮、新兴科技等。如图 10-3-8 ～图 10-3-12 所示。

■ M100 Y100，大红、阳光、积极、醒目、热烈、喜庆、传统，适宜于食品、能源、工业、新兴产业以及时尚品牌。

■ M100 Y100 K30，深红，在红色中加入一点黑色，使红色更加稳重，具备了高级、实力雄厚的气质。

■ M100 Y50 K30，感性、成熟、古典、富有韵味。

■ C10 M100 Y50，浓烈的玫红色，很性感、浪漫，适合稳重的女性产品。

■ M40，粉红、甜美、活力，适合年轻女孩系列。

■ M70 Y100，橘红色，活泼、可爱、香甜、热情、能量。适宜食品、能源、工业以及时尚品牌等。

■ M50 Y80，橙色，明亮、华丽、健康、兴奋、温暖、欢乐、辉煌，以及容易动人的色感，适宜食品、儿童、运动、时尚以及新兴产业等。

图 10-3-8 暖色系品牌形象（1）

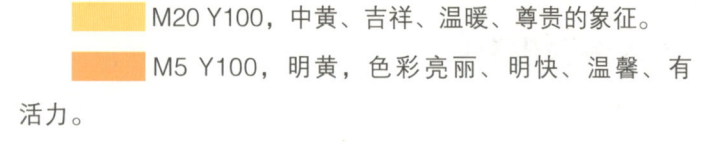

M20 Y100，中黄、吉祥、温暖、尊贵的象征。

M5 Y100，明黄，色彩亮丽、明快、温馨、有活力。

10.3.6　标准色的组合

标准色的搭配并非仅限于单色，可根据表现企业形象完整与否，选择单色或多色组合。一般企业设定标准色大概有以下 3 种情况。

图 10-3-9　暖色系品牌形象（2）

图 10-3-10　西班牙阿拉贡城市旅游标志

图 10-3-11　中国华侨公益基金会形象

图 10-3-12　SNOG 冻酸奶品牌形象

1. 单色标准色

单纯有力的单色标准色，可以创造强烈的印象，容易被识别、记忆，如图 10-3-13、图 10-3-14 所示。

图 10-3-13　西班牙 13TV 电视频道形象

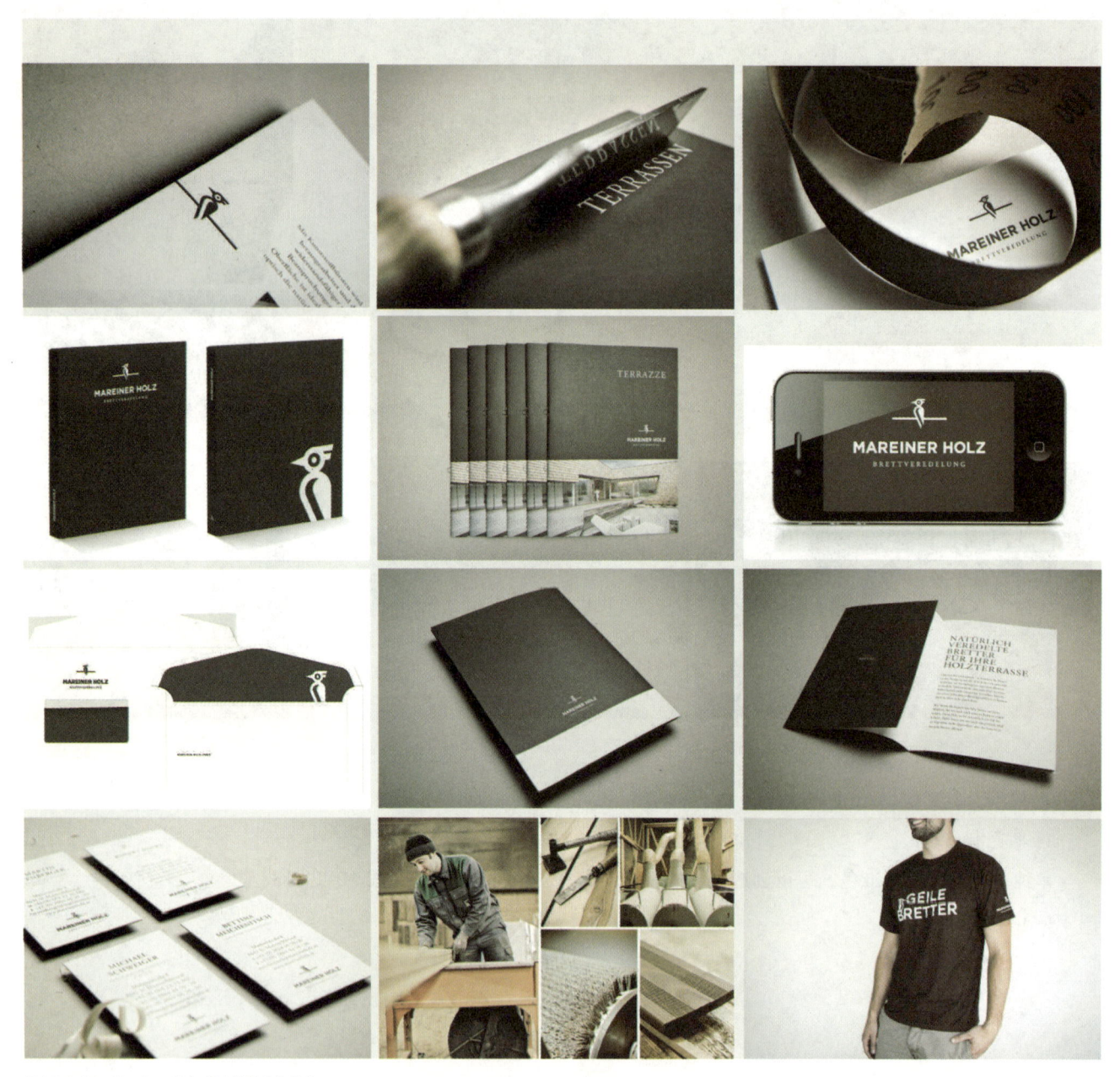

图 10-3-14　Mareiner Holz 原木地板品牌形象

Mareiner Holz 做原木地板行业，很多时候 Logo 需要直接压印入木中，如果图案复杂或颜色过多，都很难执行出来，所以，以最简单的图案和单色，最能达到效果。Mareiner Holz 品牌形象简洁而有力量，既有识别性，又很实用

2. 双色标准色

许多企业采取两种色彩组合搭配，追求色彩组合的对比效果，以增强色彩律动的美感，以完整的表现企业的特质，如图 10-3-15～图 10-3-17 所示。

3. 标准色加辅助色

多色系统的标准色形式，利用色彩的差异性、易读性区分企业集团子公司和母公司的不同，或公司各个事业部门品牌、产品的分类。

图 10-3-15 "Korunka"品牌形象

图 10-3-16 "Ray Service"品牌形象

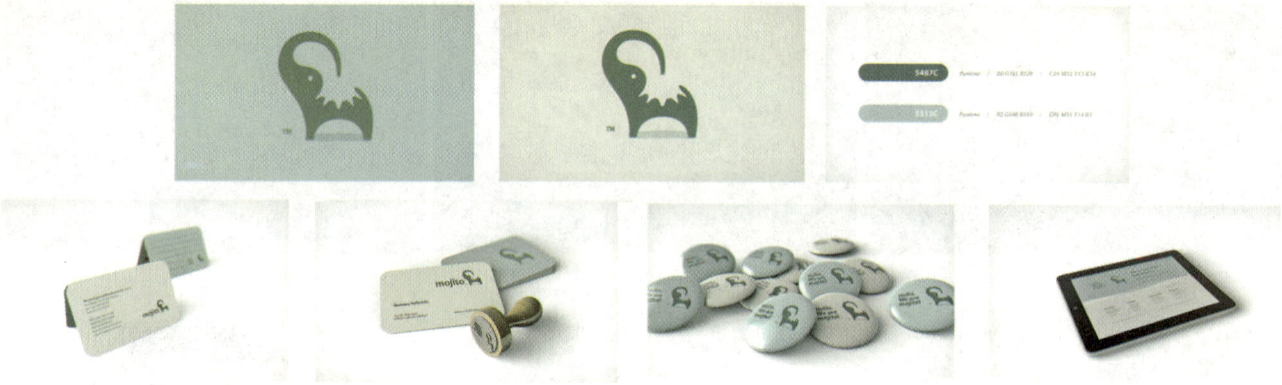

图 10-3-17　Mojito 创意机构品牌形象

【案例解析】

全球最大的化工公司巴斯夫 BASF 品牌形象

巴斯夫是世界领先的化工公司，向客户提供一系列的高性能产品，包括化学品、塑料品、特性产品、农用产品、精细化学品以及原油和天然气。ASF 企业形象标志简洁大气，识别性强。整套形象系统通过多色彩的应用，体现公司不同业务，使业务特色一目了然。品牌的标准色应用视觉效果突出、完整明了，尽显大企业风范。如图 10-3-18 所示。

墨尔本（Melbourne）城市新形象

澳大利亚第二大城市墨尔本（Melbourne）新的市徽象征了墨尔本市的活力、新潮和现代化，它将成为墨尔本的一个符号，反映这座国际公认的多元、创新、宜居和重视生态的城市形象。这个由全球著名品牌顾问机构 Landor 设计的新"M"字，通过丰富、多元的色彩元素体现墨尔本这座城市以年轻的心态，充满活力的面貌面对变化的世界。如图 10-3-19 所示。

图 10-3-18（一）　全球最大的化工公司巴斯夫 BASF 品牌形象

图 10-3-18（二） 全球最大的化工公司巴斯夫 BASF 品牌形象

图 10-3-19 墨尔本（Melbourne）城市新形象

10.4 辅助图形设计

10.4.1 概念

企业辅助图形是为了配合企业的广告宣传、美化装饰或在某些特殊场合的使用而设计，通常采用与企业标志或经营内容紧密相关的图形，如图10-4-1所示。

图10-4-1 味蕾面包坊辅助图形设计

10.4.2 辅助图形作用

辅助图形在VIS中是辅助性记号，是品牌形态的延伸与补充，它的主要作用有以下几点。

（1）通过辅助图形的丰富造型，进一步强化企业品牌形象，诠释并扩大品牌内涵，使其意义更完整，更易识别。

（2）利用辅助图形中性格化的造型符号，增加基本要素的柔和度与适应性，使视觉传达设计更具有表现的广度与深度。

（3）经由辅助图形的组合，创造强弱变化的律动感和明确的主次关系，强化整个VI系统的视觉冲击力，并产生视觉诱导效果，增加亲切感。

10.4.3 辅助图形设计技法

辅助图形设计技法主要包括以下3个方面。

（1）从标志形态转换而来，烘托标志，强化形象诉求力，如图10-4-2所示。

（2）从品牌经营理念或经营内容提炼、概括出图形，能明确、形象地体现内容。如图10-4-3所示，Capital Kitchen资本厨房咖啡馆的辅助图形采用食品及厨房用品的抽象图

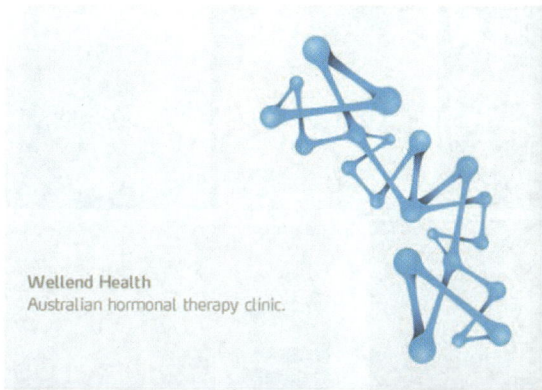

图 10-4-2 澳大利亚 Wellend Health 品牌辅助图形

图10-4-3 Capital Kitchen 资本厨房咖啡馆辅助图形设计

形为设计元素，既明确传递了其经营内容，又体现咖啡馆个性、情调的品牌形象。

（3）独立开发的辅助形态，从品牌内涵或形式美感而获得灵感，开发具有象征意义的视觉符号。

【案例解析】

Merck Millipore 公司品牌辅助形象

2010年7月，德国默克集团成功收购美国密理博公司，成立了新的部门——默克密理博，merck millipore 由此而得名。默克集团是世界上历史最悠久的医药化工企业，默克密理博是默克集团专门致力于生命科学领域的新部门，因此新标志以"M"作为标志设计元素，能明确、清晰地体现新部门的形象，同时辅助图形形态丰富、自然，完美地延伸至品牌的应用部分，创造出强弱变化的律动感和明确的主次关系，增加视觉效果，如图10-4-4所示。

图 10-4-4　Merck Millipore 公司品牌辅助形象

课后任务

1. 思考标志设计的几种类型，分析不同案例中标志的设计方法，并进行总结。

2. 思考标准字设计的几种类型，分析不同案例中标准字的设计方法，并进行总结。

3. 思考标准色设计的几种类型，分析不同案例中标准色的设计方法，并进行总结。

4. 结合课程所学，虚拟项目，通过调研分析、调整修改、设计定稿的设计程序为其设计视觉识别的基础部分。

延伸阅读

1.《全球设计精粹》编写组 . Design+——全球设计精粹—企业形象设计［M］. 北京：化学工业出版社，2012.

2. 庞博 . CIS 设计［M］. 上海：东华大学出版社，2011.

3. 品牌设计资讯 . http://www.cldol.com/newbrand/.

4. 设计时代网 . http://www.thinkdo3.com/.

5. 标志电台 . http://www.logoair.com.

第 11 章　视觉识别系统的应用设计

引导案例

印尼航空（Garuda Indonesia）品牌形象应用

印尼航空是印尼国内最大的航空公司，也是亚洲领先的航空公司之一。Garuda，是印尼的传统神鸟，也是其国徽中的图案。Garuda 为梵语，即为鹰的意思。印尼航空之所以决定更新形象，是因为他们的羽翼变得更丰满，飞机数量及目的地也越来越多，他们希望在全球范围内都能展翅飞翔，但同时又能够保留其特有的地方色彩。

为了使印尼航空传达更强烈的国际色彩，同时也与其亚洲的竞争者进行形象区别，他们希望在品牌上传达出专业及服务，原来的标志过于静止，所以他们决定设计新标志，使其显得更加动感及有力。新标志中鹰的羽毛具有更多"自然"特性，它既像是海水流动，也像是花瓣的生成，如图 11-0-1 所示。在更新形象后，虽然刚好处于全球金融危机，但印尼航空的业绩不降反升，并被评为 4 星级。

VI 应用系统设计是核心部分的展开设计和运用，它必须以核心部分的设计风格为指导，在运用中要严格遵循基本要素的规范组合和设计要求。

应用设计主要包括：办公用品系列、环境导示系列、包装系列、媒体宣传系列、服饰配件系列、交通工具系列、展示系列。

11.1　办公用品系列

办公用品是应用设计中使用频率较高的用品，不但具有实用功能，其不断重复出现在不同的办公场所，对企业形象的传递有着效率高、扩散面大、速度快的特征。办公用品系列的统一形象设计（图 11-1-1 ~ 图 11-1-8），给人以企业管理规范化、组织纪律严格、经济实力强的感觉。通过有效、不断地展现企业视觉识别以提高企业的文化品位、知名度和信任感，对树立企业形象起着持续长久的作用；对内影响员工的心理，增强他们的自尊心、自信心和荣誉感，潜在地影响他们的工作作风、工作责任感和工作效率。

图 11-0-1　印尼航空（Garuda Indonesia）品牌形象应用

图 11-1-1 "Lingo Globe" 品牌形象应用

图 11-1-2 "The Living Co" 视觉形象应用

图 11-1-3 "Oliver James Gosling" 品牌形象应用

图 11-1-4 "OrderProfit" 品牌形象应用

图 11-1-5 "Candy Kids Club" 品牌形象应用 　　图 11-1-6 "oooo.com.ua" 品牌形象应用

图 11-1-7 爵士乐的北部学校视觉形象应用

图 11-1-8 Salviano 品牌视觉形象应用

11.1.1 主要应用明细

办公用品 VI 设计主要应用如图 11-1-9 所示。

主管名片	薪资袋	记事本
员工名片	识别卡	公文包
标准信笺	临时工作证	通讯录
标准信封（国内）	出入证	聘书
标准信封（国外）	备忘录	证书
公函信纸	直式、横式表格规范	奖状
便笺	电话记录	公告
传真纸	办公文具	产品说明书封面及内页版式
合同书	办公用笔、笔架	企业徽章
合同书规范格式	办公桌标识牌	纸杯
档案盒	请假单	茶杯
档案袋	名片盒	杯垫
文件夹	考勤卡	打火机
文件袋	意见箱	烟灰缸
卷宗纸	笔记本	

图 11-1-3　办公用品 VI 设计应用

11.1.2 应用规格

1. 信封规格

国内、国际信封规格尺寸见表 11-1-1、表 11-1-2。

表 11-1-1　　　　　　国 内 信 封 规 格

代　号	长（mm）	宽（mm）	备　注
B6 号	175	125	与现行 3 号信封一致
DL 号	220	110	与现行 5 号信封一致
ZL 号	230	120	与现行 6 号信封一致
C5 号	229	162	与现行 7 号信封一致
C4 号	324	229	与现行 9 号信封一致

表 11-1-2　　　　　　国 际 信 封 规 格

代　号	长（mm）	宽（mm）	备　注
C6 号	162	114	新增加国际规格
B6 号	176	125	与现行 3 号信封一致
DL 号	220	110	与现行 5 号信封一致
ZL 号	230	120	与现行 6 号信封一致
C5 号	229	162	与现行 7 号信封一致
C4 号	324	229	与现行 9 号信封一致

2. 常见信纸的规格

常见信纸的规格尺寸见表 11-1-3。

表 11-1-3　　　　　　　　　　常 见 信 纸 规 格

规　　格	长（mm）	宽（mm）
16开	184	260
信纸	216	279.5
A4	210	297

3. 名片设计

名片规格尺寸见表 11-1-4。

表 11-1-4　　　　　　　　　　名　片　规　格

规　　格	长（mm）	宽（mm）
横版（方角）	90	55
横版（圆角）	85	54
竖版（方角）	50	90
竖版（圆角）	54	85
方版	90	90

4. 工作证设计（加挂带）

86mm×54mm，材料一般为PVC板材或者照片纸（200g）。

11.2　环境导示系列

环境导示以指示性为主要功能，起到说明、引导作用，兼顾企业视觉要素，可设置于室内室外。设计时应注意依据已定的基础图形来加以发展，招牌上文字要简练明确。导示系统是存在于环境中的，要融于环境、服务于环境，它在扩大品牌传播力的同时，塑造出鲜活、立体的品牌形象。如图 11-2-1 ~ 图 11-2-3 所示。

图 11-2-1　瑞典百货公司环境导视

图 11-2-2　ingelsta 购物中心环境导视

图 11-2-3　历史遗迹博物馆环境导视

【案例解析】

长崎县美术馆环境导示设计

长崎县美术馆的入口标志，是一个与建筑的天窗相关联的梳齿一样的设计。并列的两排直立于地面。如果边走边看的话，你就会惊讶地发现它会出现三维效果的波纹，形成非常生动的变化。象征性的标记也是从天窗得到的灵感，同时它还是一个像电影放映一样会产生连续运动效果的标志。波浪般的运动感与标志相互联动，酝酿出一种宽敞舒适的意境。如图 11-2-4 所示。

图 11-2-4 长崎县美术馆环境导示设计

11.2.1 主要应用明细

环境导示 VI 设计主要应用如图 11-2-5 所示。

大楼户外招牌	生产区楼房标志设置规范	各部门工作组别指示
大门入口指示	立地式道路导向牌	内部作业流程指示
办公室部门指示牌	欢迎标语牌	各营业处出口、通路规划
楼层标识牌	温馨提示牌	紧急出口标识
方向指引标识牌	户外立地式灯箱	消防设备安全标识
公共设施	停车场区域指示牌	电、水、光缆、煤气警示标识
布告栏	玻璃门窗醒示性装饰带	

图 11-2-5 环境导示 VI 设计应用

11.2.2 设计应用原则

在进行环境 VI 设计应用时，应遵循以下原则：

（1）设置醒目、清楚的购物和服务信息，如商品摆放图、示意图、标牌等，以节约消费者的时间，同时还应有良好的灯光系统。

（2）环境亲切让消费者感受到在商店购物是一种享受，是一种远离喧嚣的消遣，因此，这个环境应当是清洁、宁静、实用而浪漫。

（3）对于环境的规划，应处处为消费者着想，诸如在商场、银行、书店等地方设置一定的座位供消费者休息。同时要进行一定的装饰美化，并能提供消费者生活需要的各种信息。

（4）门头是企业的形象表现，消费者往往通过门头的制作材料与色彩、橱窗的灯光与色彩以及展示将不同的企业予与区别。

11.3 包装系列

包装是为了流通中保护产品、方便运输、促进销售，按一定技术方法而采用的容器、材料及辅助品等的总称。成功的产品包装能为企业的品牌树立起良好的信誉和名牌产品观念。

包装在设计时要注意突出它的宣传作用，故能在潜移默化间传播企业名称、标志、产品品牌等。包装纸是应用于产品的简易包装，注意企业形象、标准字、辅助图形、色彩间形成的整体图案感，如图 11-3-1 ~ 图 11-3-3 所示。

图 11-3-1　Yoomoo Frozen Yogurt 酸奶包装

图 11-3-2 品牌视觉形象包装应用（1）

图 11-3-3　品牌视觉形象包装应用（2）

11.3.1　主要应用明细

1. 包装形式

单件设计、成套设计、组合设计、组装设计等。

2. 主要应用明细

包装系列 VI 设计主要应用如图 11-3-4 所示。

外包装箱（木质、纸质）	包装纸
配件包装纸箱	容器包装
商品系列包装盒	包装用绳
手提袋	

图 11-3-4　包装系列 VI 设计应用

11.3.2　设计应用原则

在进行包装 VI 设计应用时，应遵循以下原则：

（1）产品形象整合品牌形象。无论是相对简单、统一的包装箱，还是个性突出的商品包装设计，设计目标都是为了塑造品牌的形象。

（2）造型视觉要素。包装设计中造型视觉元素非常重要，例如伏特加的经典瓶型、可口可乐的旋转弧线瓶型，甚至超越了品牌标志的地位，成为品牌中最具识别特征的形象符号。因此，包装造型上的设计创新，不但达成美化产品的目的，更具深远价值的是提升了品牌的识别度。

【案例解析】

"不二家"糖果品牌形象

"不二家"（FUJIYA），创业于 1910 年，是日本一家生产西式糕点的老字号糕饼店，产品包括泡芙、曲奇饼、饼干、巧克力、棒棒糖等。

"不二家"品牌形象是一对胖乎乎笑眯眯的"Peko & Poko"（牛奶兄妹），深受年轻人喜爱，有不少消费者会因为品牌形象的喜爱而收集"不二家"糖果盒子，这种设计定位让整个品牌更有沟通力，增加购买的乐趣，如图 11-3-5 所示。

图 11-3-5　（一）"不二家"糖果品牌形象

图 11-3-5 （二）"不二家"糖果品牌形象

11.4　媒体广告宣传系列

广告是实现视觉识别、树立企业形象、提升品牌知名度的重要途径。它通过反复利用各种媒介，将有关企业的信息、产品的信息向消费者、社会公众传达，在得到广泛的认同后，树立了企业形象和产品形象。在进行设计时，应把各种传播媒介结合起来，纳入企业识别系统和企业识别形象的信息传播过程之中，做到文字简明扼要、语言简练生动、图形出神入化、含意深刻。如图 11-4-1～图 11-4-8 所示。

图 11-4-1　巴西办公家具生产商广告宣传

图 11-4-2 保加利亚移动运营商广告应用

图 11-4-3 BRAHMA 啤酒广告应用

图 11-4-4 著名威士忌品牌芝华士广告应用

图 11-4-5 "Godiva 的下午 3 点"品牌广告应用

图 11-4-6　英国网络品牌 EE 广告应用

图 11-4-7　哥伦比亚国家形象宣传应用

图 11-4-8　电子商务平台 ebay 宣传应用

11.4.1 主要应用明细

媒体广告宣传 VI 设计主要应用如图 11-4-9 所示。

电视广告	霓虹灯	擎天柱灯箱广告
网络广告	直邮 DM 宣传页	墙体广告
报纸广告	企业宣传册封面	灯箱广告
杂志广告	宣传折页封面及封底	户外标识夜间效果
系列主题海报	产品单页说明书	展板陈列
大型路牌	对折式宣传卡	柜台立式 POP 广告
灯箱广告	网络主页	
横竖条幅广告	分类网页	
大型氢气球广告	光盘封面	

图 11-4-9　媒体广告宣传 VI 设计应用

11.4.2 设计应用原则

在进行媒体广告宣传 VI 设计应用时，应遵循以下原则：

（1）统一一致的版式风格。

（2）形成品牌形象、品牌理念的广告识别。

11.5　服饰配件系列

企业员工统一的着装，可以提高企业员工对企业的归属感、荣誉感和主人翁意识，改变员工的精神面貌，促进工作效率的提高并加强员工对纪律的严格遵守和对企业的责任心。服饰配件设计时应严格区分出工作范围、性质和特点，着装应符合不同岗位。如图 11-5-1、图 12-5-2 所示。

图 11-5-1　品牌视觉形象服装应用（1）

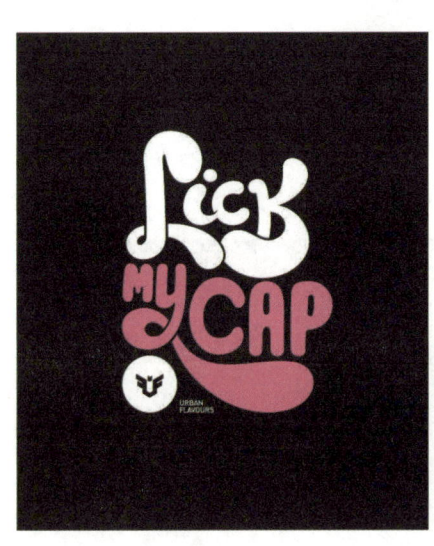

图 11-5-2 品牌视觉形象服装应用（2）

一般来说，服装的色彩以企业标准色为主，可加入适当辅助色搭配使用，并充分发挥辅助图形的装饰作用，整体设计要突出企业形象的运用，充分考虑实用功能与形象宣传的理想结合。设计时还要考虑到服装的质料、衣扣、领带、领带夹、拉链、皮带等服饰配件。

行政春、夏、秋、冬装
店铺春、夏、秋、冬装
警卫春、夏、秋、冬装
工装春、夏、秋、冬装
工作帽、安全帽、毛巾、雨具
各类员工证件及胸卡徽章
领带、领带夹、丝巾、胸饰、皮带
员工帽、手套、袜、鞋
工作识别证

图 12-5-3 服饰配件 VI 设计应用

11.5.1 主要应用明细

服饰配件 VI 设计主要应用如图 12-5-3 所示。

11.5.2 设计应用原则

进行服饰配件 VI 设计应用时应遵循以下原则：
（1）服饰风格体现行业特点，与企业品牌形象风格一致。
（2）服饰设计体现岗位职责分类。
（3）服装设计对色彩、造型款式的把握。

11.6 交通工具系列

交通工具是一种流动性、公开化的企业形象媒介，其传播方式是通过反复出现给人留下瞬间的记忆，不经意间建立起企业的形象。在设计时应考虑到快速流动的特点，可运用辅助图形及标准色来统一各种交通工具外观的设计效果，标志和字体应醒目，色彩要强烈，如图 11-6-1、图 11-6-2 所示。

图 11-6-1 交通工具视觉形象应用（1）

图11-6-2 交通工具视觉形象应用（2）

11.6.1 主要应用明细

交通工具系列 VI 设计主要应用如图 11-6-3 所示。

轿车	大小型货车	起重车
吉普车	工具车	推土机
客货两用车	平板车	升降车
展销车	脚踏车	公共用清扫车
移动店铺	货运船	垃圾车
汽船	客运船	救护车
大巴	游艇	消防车
中巴	飞机	电视转播车

图 11-6-3 交通工具系列 VI 设计应用

11.6.2 设计应用原则

进行交通工具 VI 设计应用时，应遵循以下原则：

（1）简洁明朗，醒目度高的设计风格。
（2）局部细节设计。
（3）活动中的广告媒体。

11.7 展示系列

生活中消费者对企业及产品的认知，主要是通过商店、展会等媒质来完成的，企业建筑物与环境、店面的形象、卖场形象、展示设计、服务宗旨、经营理念等直接影响消费者对企业及产品认可度，店面文化是企业形象的重要构成要素。展示设计虽然涉及建筑设计师、室内设计师、环境设计师等各种设计人员，但都必须遵循 CIS 系统的统一规范。如图 11-7-1～图 11-7-5 所示。

图 11-7-1 德国电信 4010 科隆的零售店设计

图 11-7-2 药店设计

图 11-7-3 卡雷狄洛男装旗舰店店面设计

图 11-7-4 新加坡 Bravo 店面设计

图 11-7-5 米兰 D&G 黄金概念餐厅环境设计

【案例解析】

伦敦 Dri Dri 冰激凌店品牌形象

伦敦圣马丁巷 Dri Dri 冰激凌店房间是一个活动零售空间，这个 45m² 的空间由 Elips Design 设计，打造成一个意大利海滩风情的冰激凌零售店。品牌 Logo 造型简约、色彩缤纷，具有很强的识别性和视觉冲击力；店面设计采用彩色海滩板屋，适意的太阳伞墙贴，冰激凌发卖车，享受 Dri Dri 冰激凌的同时，空间仿佛能把顾客从繁华的伦敦市中心带到地中海风情的休闲环境中，风格简洁、清新之余还略带复古风格，如图 11-7-6 所示。

The Body Shop 品牌店面形象

The Body Shop 国际股份有限公司于 1976 年在英国成立。The Body Shop 零售业务遍布全球 55 个国家，商店数目超逾 2200 间。The Body Shop 产品纯天然、健康、品类丰富，适用于女性、男士、儿童等各类人群。

品牌形象运用标新立异的墨绿色标志体现自己的美容理念：崇尚天然、自然的绿色美容。标志在专柜的统一运用，使消费者感受到这个品牌的理念，如图 11-7-7 所示。

图 11-7-6　伦敦 Dri Dri 冰激凌店品牌形象

图 11-7-7　The Body Shop 品牌店面形象

11.7.1　主要应用明细

展示系列 VI 设计主要应用如图 11-7-8 所示。

企业建筑外环境	店面货架陈设效果图及施工图	店面横、竖、方招牌
企业建筑内部环境	场中货架效果图及施工图（附尺寸图及材料标示）	导购或参观流程图版式规范
专卖店效果及施工图	靠墙货架立面效果图及施工图（附尺寸图及材料标示）	场内形象墙
门面形象效果图及施工图	收款台（包括背板设计）效果图及施工图（附尺寸图及材料标示）	展台设计
店堂形象效果图及施工图	样板展示架（附尺寸图及材料标示）	配件柜及货架
店内五种柱位设计效果图及施工图（大柱、小柱、靠墙柱、大圆柱、小圆柱）	POP 座架（附尺寸图及材料标示）	灯箱设计
店中店效果及施工图	商标（附尺寸图及材料标示）	资料架
专柜效果图及施工图	衣架（附尺寸图及材料标示）	垃圾筒
专柜内单墙、对角、中岛及靠柱四种摆设效果图及施工图	价格牌（附尺寸图及材料标示）	室内环境
橱窗设计	销售店面标识系统	

图 11-7-8　展示系列 VI 设计应用

11.7.2　设计应用原则

进行展示系列设计应用时，应遵循以下原则：

（1）遵循 CIS 系统的统一规范。

（2）明确展示内容，根据建筑的面积、形状，进行空间的合理分配，创造舒适的购物及参观空间。

课后任务

1. 思考 VI 应用系统的不同设计原则？

2. 通过书籍、网络等渠道收集成功的企业 VIS 案例，研究应用设计的重点和原则，分析品牌的设计策略。

3. 结合课程所学，虚拟项目，通过调研分析、调整修改、设计定稿的设计程序为其设计视觉识别的应用部分。

延伸阅读

1. 王超鹰，中西元男．超越 CI：企业新形象设计［M］.上海：上海人民美术出版社，2008.

2. 中国艺术设计联盟．http://www.arting365.com/.

3. 壹手设计．http://iyeslogo.com/.

第 12 章　视觉识别系统手册制作

引导案例

丹麦 Alka 保险公司品牌形象手册

丹麦 Alka 保险公司 logo 是以圆形物体的橙色圆点作为 logo 设计思路，通过普通的圆点作为设计的亮点，以此加强 Alak 品牌形象的易读性。含有橙色圆形物体的应用随处可见，以此突显 Alak 品牌的可识别性，更易于大众接受与推广，如图 12-0-1 所示。

图 12-0-1　丹麦 Alka 保险公司品牌形象手册

12.1　VIS 手册

视觉识别形象设计在得到客户全部确认后，要向客户提供完整的 VIS 设计手册。根据设计内容选择开本、版面规划、排版完稿、打印校对、装订成册，是设计后续的主要工作。

12.1.1　设计手册结构体系

1. 概念的诠释

如 CIS 概念、设计概念、设计系统的构成及内容说明。

2. 基本设计项目的规定

主要包括各设计项目的概念说明和使用规范说明等，如企业标志的意义、定位、单色或色彩的表示规定、使用说明和注意事项，标志变化的开发目的和使用范围，具体禁止使用例子等。

3. 应用设计项目的规定

主要包括各设计项目的设计展开标准，使用规范和样式、施工要求和规范详图等。如事务用品类的字体、色彩及制作工艺等。

12.1.2　设计手册编制形式

设计手册可根据不同情况编制成以下形式：

（1）将基本设计项目规定和应用设计项目规定，按一定的规律编制装订成一册，多采用活页形式，以便于增补。

（2）将基本设计项目规定和应用设计项目规定，分开编制，各自装订成册，多采用活页和目录形式。

（3）根据企业不同机构（如分公司）或媒体的不同类别，将应用设计项目分册编制，以便使用。

12.1.3　设计手册具体内容

设计手册具体内容包括：如图 12-1-1 ~ 图 12-1-3 所示。

（1）引言部分。如领导致词，企业理念体系说明和形象概念阐述，导入 CIS 的目的和背景，手册的使用方法和要求。

（2）基本设计项目及其组合系统部分。

（3）应用设计项目部分。

（4）主要设计要素样本部分。如标志印刷样本或不干胶，标准色色票等。

176　企业形象设计

图 12-1-1　Skype 品牌 VIS 手册

图 12-1-2　斐朗冰纯啤酒视觉识别手册

图 12-1-3　广州青上广告设计——DRK 缔澳恺卫浴 VIS 手册

12.2　VIS 手册设计项目

12.2.1　VIS 基础设计项目

（1）企业标志设计。包括：企业标志及标志创意说明、标志墨稿、标志反白效果图、标志方格坐标制图、标志预留空间与最小比例限定、标志特定色彩效果展示。

（2）企业标准字体。包括：企业全称中文字体、企业简称中文字体、企业全称中文字体方格坐标制图、企业简称中文字体方格坐标制图、企业全称英文字体、企业简称英文字体、企业全称英文字体方格坐标制图、企业简称英文字体方格坐标制图。

（3）企业标准色（色彩计划）。包括：企业标准色（印刷色）、辅助色系列、下属产业色彩识别、背景色使用规定、色彩搭配组合专用表、背景色色度、色相。

（4）企业象征图形。包括：象征图形彩色稿（单元图形）、象征图形延展效果稿、象征图形使用规范、象征图形组合规范。

（5）企业专用印刷字体。

（6）基本要素组合规范。标志与标准字组合多种模式、标志与象征图形组合多种模式、标志与标准字、象征图形、吉祥物组合多种模式、基本要素禁止组合多种模式。

12.2.2 VIS应用设计项目

1. 办公事物用品设计

高级主管名片、中级主管名片、员工名片、信封、信纸、便笺、传真纸、票据夹、合同夹、合同书规范格式、档案盒、薪资袋、识别卡（工作证）、临时工作证、出入证、工作记事簿、文件夹、文件袋、档案袋、卷宗纸、公函信纸、备忘录、简报、签呈、文件题头、直式、横式表格规范、电话记录、办公文具、聘书、岗位聘用书、奖状、公告、维修网点名址封面及内页版式、产品说明书封面及内页版式、考勤卡、请假单、名片盒、名片台、办公桌标识牌、及时贴标签、意见箱、稿件箱、企业徽章、纸杯、茶杯、杯垫、办公用笔、笔架、笔记本、记事本、公文包、通讯录、财产编号牌、培训证书、国旗、企业旗旗座造型、挂旗、屋顶吊旗、桌旗。

2. 公共关系赠品设计

贺卡、专用请柬、邀请函及信封、手提袋、包装纸、钥匙牌、鼠标垫、挂历版式规范、台历版式规范、日历卡版式规范、明信片版式规范、小型礼品盒、礼赠用品、标识伞。

3. 员工服装、服饰规范

管理人员男装（西服礼装\白领\领带\领带夹）、管理人员女装（裙装\西式礼装\领花\胸饰）、春秋装衬衣（短袖）、春秋装衬衣（长袖）、员工男装（西装\蓝领衬衣\马甲）、员工女装（裙装\西装\领花\胸饰）、冬季防寒工作服、运动服外套、运动服、运动帽、T恤（文化衫）、外勤人员服装、安全盔、工作帽。

4. 企业车体外观设计

公务车、面包车、班车、大型运输货车、小型运输货车、集装箱运输车、特殊车型。

5. 标志符号指示系统

企业大门外观、企业厂房外观、办公大楼体示意效果图、大楼户外招牌、公司名称标识牌、公司名称大理石坡面处理、活动式招牌、公司机构平面图、大门入口指示、玻璃门、楼层标识牌、方向指引标识牌、公共设施标识、布告栏、生产区楼房标志设置规范、立地式道路导向牌、立地式道路指示牌、立地式标识牌、欢迎标语牌、户外立地式灯箱、停车场区域指示牌、立地式道路导向牌、车间标识牌与地面导向线、车间标识牌与地面导向线、生产车间门牌规范、分公司及工厂竖式门牌、门牌、生产区平面指示图、生产区指示牌、接待台及背景板、室内企业精神口号标牌、玻璃门窗醒示性装饰带、车间室内标识牌、警示标识牌、公共区域指示性功能符号、公司内部参观指示、各部门工作组别指示、内部作业流程指示、各营业处出口／通路规划。

6. 销售店面标识系统

小型销售店面、大型销售店面、店面横、竖、方招牌、导购流程图版式规范、店内背景板（形象墙）、店内展台、配件柜及货架、店面灯箱、立墙灯箱、资料架、垃圾筒、室内环境。

7. 企业商品包装识别系统

大件商品运输包装、外包装箱（木质、纸质）、商品系列包装、礼品盒包装、包装纸、配件包装纸箱、合格证、产品标识卡、存放卡、保修卡、质量通知书版式规范、说明书版式规范、封箱胶、会议事务用品。

8. 企业广告宣传规范

电视广告标志定格、报纸广告系列版式规范（整版、半版、通栏）、杂志广告规范、海报版式规范、系列主题海报规范、大型路牌版式规范、灯箱广告规范、公交车体广告规范、双层车体车身广告规范、T恤衫广告、横竖条幅广告规范、大型氢气球广告规范、霓虹灯标志表现效果、直邮DM宣传页版式、广告促销用纸杯、直邮宣传三折页版式规范、企业宣传册封面、版式规范、年度报告书封面版式规范、宣传折页封面及封底版式规范、产品单页说明书规范、对折式宣传卡规范、网络主页版式规范、分类网页版式规范、光盘封面规范、擎天柱灯箱广告规范、墙体广告、楼顶灯箱广告规范、户外标识夜间效果、展板陈列规范、柜台立式POP广告规范、立地式POP规范、悬挂式POP规范、产品技术资料说明版式规范、产品说明书、路牌广告版式。

9. 展览指示系统

标准展台、展板形式、特装展位示意规范、标准展位规范、样品展台、样品展板、产品说明牌、资料架、会议事务用品。

10. 再生工具

色票样本标准色、色票样本辅助色、标准组合形式、象征图案样本。

注：VI 实际应用项目类可由实际情况而定，酌情增减。

课后任务

1. 分析 VIS 手册的编写要求。
2. 分析优秀 VIS 案例，总结其手册编写的可借鉴之处。
3. 结合课程所学，根据具体的实践项目进行 VIS 手册的编制。

延伸阅读

1. 李鹏程. VI 品牌形象设计［M］. 北京：人民美术出版社，2010.
2. 视觉中国. http://shijue.me/home.
3. 郎策设计. http://www.langce.org/web/shownews.php?id=131.
4. CDA 画报. http：//cdapictorial.org/.

参考文献

[1] 龚正伟，张璇，刘海荣. 企业形象（CI）设计［M］. 北京：清华大学出版社，2010.

[2] 纪向宏. 标志与企业形象设计［M］. 北京：清华大学出版社，2011.

[3] 庞黎明，庞博. CIS 设计教程［M］. 北京：中国纺织出版社，2006.

[4] 刘英，徐阳. CIS 企业形象设计［M］. 武汉：湖北美术出版社，2011.

[5] 汪维丁，余雷. 标志与企业形象设计［M］. 北京：中国水利水电出版社，2011.

[6] 庞博. CIS 设计［M］. 上海：东华大学出版社，2011.

[7] 李鹏程. VI 品牌形象设计［M］. 北京：人民美术出版社，2010.

[8] 黄建平. 标志创意设计［M］. 上海：上海人民美术出版社，2010.

[9] 品牌设计资讯. http://www.cldol.com/newbrand/.

[10] 设计时代网. http://www.thinkdo3.com/.

[11] 中国艺术设计联盟. http://www.arting365.com/.

[12] 壹手设计. http://iyeslogo.com/.

[13] 郎策设计. http://www.langce.org/web/shownews.php?id=131.

[14] 正邦品牌策划和设计. http://www.zhengbang.com.cn/.

[15] http://www.movingbrands.com/.

[16] http://www.brandsar.cn/enjoy/enjoy.php?id=186（可口可乐 Coca-Cola 品牌形象演变）.

[17] 中国新锐品牌设计机构. http://www.cdyrtc.com/Product136/142.html.

[18] 品牌特区. http://www.brandsar.cn/.

[19] 成美营销顾问. http://www.chengmei-trout.com/achieve.asp.